▶在成长过程中，自我分化是必须完成的任务之一。虽然这个任务不都是那么容易完成，但当我们能够对自己、对父母、对家庭形成更深入的了解和认知，能够区分爱与责任时，也许就意味着变化的开始。而当孩子知道这种变化可以由自己带来时，也就不会再将导致家庭问题出现、延续的责任全都推给父母，而是会试着承担起自己应该承担起来的责任。

▶在一段家庭关系中，父母并不是唯一的主导。家庭关系包含着互动的特质，家庭中每一个人的变化，都会带动别人发生变化。因此，如果我们发现家庭模式陷入僵化时，我们可以尝试从自己开始，做出一个细小的改变，然后观察这一改变带来了什么结果。以此类推，当整个模式发生改变的时候，整个家庭关系也会出现新的变化。

▶对边缘型人格父母来说，让子女满足他们的要求绝对重要于子女自身的想法。这一类型的父母会带给子女持续性的影响，精神病学家约翰·鲍尔将这种影响命名为"不安全情感依附模式"。受到这一模式影响的孩子因为从小就从父母身上获得了不信任感，所以长大后，即使所处安全环境中，也会缺乏自信，并且否认自己需要别人支持和照顾。

▶孩子1岁以前处在和母亲没有任何边界的共生阶段，这一时期的母子仿佛一体，无法分割，但当孩子可以独立行走后，就开始有了自主意识，并开始学会建立自己的边界。此时，父母就不要再像之前一样对孩子加以控制，要给予孩子信任，相信他们能在边界之内有能力管理好自己。能学会在边界内给孩子自由的，才称得上明智的父母。

▶父母的养育方式会对孩子人格特质的形成造成直接而重要的影响。研究发现，如果父母属于冷酷拒绝型，那么他们的孩子要比其他类型的孩子更容易具有攻击性。原因在于，如果父母对孩子严苛且充满拒绝性，孩子就会感到自己是不被爱的，从而缺少安全感，为了抵御这种不安全感，保护自己，他们往往就会做出一些有攻击性的行为。

▶几乎所有人都要在一个叫作家的地方开始我们的一生，开始我们的生命历程。在这里，我们可能感受过欢乐、幸福，也体会过难过甚至绝望。对于家，如果现在不好，你可以让它变得更好；如果现在很好，你要学会好好珍惜；如果已然失去，那就在好好怀念之后，带着希望踏上属于自己的旅程，并且勇往直前。

为何家也会伤人

各种家庭问题以及家庭关系指导书

唐以琳 著

台海出版社

图书在版编目（CIP）数据

为何家也会伤人 / 唐以琳著. –– 北京：台海出版社, 2018.2（2021.9重印）

ISBN 978–7–5168–1739–1

Ⅰ.①为… Ⅱ.①唐… Ⅲ.①家庭关系－社会心理学－通俗读物 Ⅳ.①C913.11–49

中国版本图书馆CIP数据核字（2017）第329795号

为何家也会伤人

著　　者：唐以琳			
出 版 人：蔡　旭		封面设计：MM末末美书	
责任编辑：阴　鹏　曹任云			

出版发行：台海出版社

地　　址：北京市东城区景山东街20号　邮政编码：100009

电　　话：010－64041652（发行，邮购）

传　　真：010－84045799（总编室）

网　　址：www.taimeng.org.cn/thcbs/default.htm

E – mail：thcbs@126.com

经　　销：全国各地新华书店

印　　刷：固安县保利达印务有限公司

本书如有破损、缺页、装订错误，请与本社联系调换

开　　本：880毫米×1280毫米　1/32

字　　数：173千字　　　　印　张：7

版　　次：2018年4月第1版　印　次：2021年9月第3次印刷

书　　号：ISBN 978–7–5168–1739–1

定　　价：32.00元

序 言

"我发现我妈妈总喜欢皱眉头，所以眉间有着特别深的皱纹。我经常告诉她别皱眉头了，可有天我发现自己的眉间也皱起了浅痕，原来我也常常不经意间皱着眉头。"

"我越发地觉得，爷爷对待爸爸的模式，在很多方面复制在了爸爸对待我的模式上。更可怕的是，我发现不知不觉中我也以同样的模式对待我的儿子。"

……

年轻时，我们总认为每个人都是自由的，我们只属于自己，可以完全按照自己的意愿去成长。然而年龄越大，经验越多，我们会无奈地发现，我们并不能完全脱离一切去做自己，因为在无形中还有一种力量总是深深地牵引着我们，它融于我们的骨血，深入我们的骨髓，这就是原生家庭带给我们的影响。

原生家庭，是美国著名"家庭治疗大师"萨提亚提出的一个对现代社会家庭的新概念，即指我们从小生长的，有父母也可能有兄弟姐妹的那个家庭。它区别于孩子长大后自己建立的家庭。一个人和他的原生家庭有着千丝万缕的联系，而这种联系有可能影响他的一生。现在，已经有越来越多的朋友开始关注这个看似新生，却已经伴随我们已久的事实，我们渐渐意识到我们每个人的家庭环境和成长脉络，对我们当下的生活有着巨大的影响。

很多时候，我们不得不承认，我们难以完全摆脱原生家庭的影响。根据发展心理学的解释，过去的经历对个体当下的影响甚至可以追溯到婴儿期，虽然一般成年人不存在对自己婴儿期的记忆，但个体在长大后的情感模式，仍会无意识地深受那段时期的影响。

我们发现自己很少有机会停下来去探索：为什么A是我想要的，而B是我讨厌的；为什么我总在C问题上摔倒。但如果我们真的停下来去好好思考，会惊讶地发现，很多东西的源头其实是紧紧地系在了原生家庭上的。所以，当我们回溯原生家庭，探索自我，反推己身，就可以在漆黑的潜意识中，找到光明的出口。

在本书涉及的这些大家耳熟能详的人物身上，我们可以感受到童年基因的巨大力量，但本书写作的目的绝不仅于此。我们终归是要回到自己身上，去审视这些罪与罚、爱与痛，并且为自己的子女与后代，多一些考量。

正视，才是跨越的第一步。或者最次，我们也应该要与它们和平共处。原生家庭的一切永远不可能成为你不肯成长、不肯改变的借口，你的幸福、快乐只掌握在你自己手中！

目　　录

C o n t e n t s

第五章 别让"病态家庭"毁了你的一生

第一章

痛苦的童年为神经症埋下祸根

1. 无法躲避的死神——关于海明威魔咒

　　在自己62岁生日的前几天，他把枪口含在嘴里扣动了扳机。他的父亲以同样的方式结束生命；妹妹服药自杀；唯一的兄弟举枪自杀；孙女才十几岁，爱吵爱闹，活泼可爱，竟也难逃自杀的厄运。生命对他的家族来讲好似被施了魔咒，仿佛被撒旦盯上了梢，一个又一个坠入深渊。

　　这个人，就是海明威。

　　亨利·大卫·梭罗曾说："如果我们在绝望的生活中沉默不语，那么大多数的人类永远无法知道，到底他们的问题从何而来。"

　　海明威生命中不能承受之痛，归根溯源，来自他的原生家庭。

　　1899年7月21日，海明威在美国芝加哥郊外的一座橡胶园出生。他的父亲是一名清教徒，也是一位受人尊重、有教养的医生。对大自然疯狂的崇拜使他热衷于钓鱼、打猎以及各类冒险活动。母亲葛蕾丝·霍尔对于他的丈夫来说，好像生活在另外一个的世界——她似乎为艺术而生，热爱音乐、美术，唱歌绘画是她生活的常态。

　　两个人关系纠结，矛盾重重，交集只有儿子。他们按各自的想法去塑造海明威，于是父亲教给他各种技艺，传授他大自然的知识。海明威三岁时就跟着父亲去探险，他血脉里流淌着父亲的冒险不羁，有勇敢、顽强的一面，也练就了一副强壮的体魄，对大自然的无限崇尚也来自儿时父亲的影响。

　　母亲在海明威很小的时候，就送给他一把大提琴。对于音乐、美术的感受力，对于文学的最初热爱，良好的艺术修养，这些都是母亲带给海明威的。美国著名的学者卡罗斯·贝克认为，海明威"具有强烈的创造欲望和能力，这无疑是从他母亲那里继承来的，也是从小受他母亲严格训练和培养的结果"。

少年时代的海明威就显现出卓尔不群的才华：他是校刊主编、写故事的高手、校乐队的大提琴手，又文武兼顾，是优秀的拳击手、足球队的队长；长大后同样优秀得引人侧目，在战场上是一条硬汉，在文坛上也是不可逾越的一面旗帜。如此看来，一切尽显美好：优秀的父母，完美的孩子，海明威的成长经历自带光环，毫无瑕疵。但在光鲜外表下，却是粉饰过的坟墓，腐朽发霉，海明威的内心一直痛苦不安，甚至时常感到恐惧。

这种恐惧来自分裂的家庭教育。一个家庭中，父母的教育态度不仅要端正而且要一致。父母二人态度一致，方法统一，才能取长补短、相互配合，对子女产生积极的影响；而海明威的父母却始终处于交战状态，这使幼小的海明威内心深处产生了分裂。他们的婚姻生活更像是一场博弈，儿子海明威就是那无烟的战场。他们的价值观和世界观根本是冲突的，一个随性，一个功利；一个爱科学，一个爱艺术；一个喜欢大自然的幽静，一个喜欢大城市的繁华。做医生的父亲要把儿子培养成一名医生，带着儿子去印第安人营地出诊；母亲则终日做着文艺的美梦，想让海明威成为大提琴演奏家，甚至为了学习音乐中断学业。

其实不同并不可怕，可怕的是相互抨击，互相诋毁。父亲觉得艺术是无用的，浪费时间，母亲觉得那些野蛮的活动实在愚蠢透顶。海明威感受到父母对于对方深深的不认可甚至厌恶，而他无所适从，开始厌恶自己；无论他怎么做，都不会得到双方的满意，都会招致一方恶毒的批判。

　　家庭关系的疏离冷漠，是导致一个孩子不幸的根源，家是安全感的建立之本，没有这种安全感，人会时刻陷于压抑恐惧中，渐渐会生发出愤怒的对立情绪，有极强的攻击性，觉得整个世界都在抛弃自己。

　　从海明威的作品里，也可以看出这种压抑。《两代父子》是海明威具有自传色彩的成名作，幼小的尼克遭到父亲惨无人寰的鞭打，竟然仅仅因为不愿穿父亲的一件破了的衬衫。尼克的反应是，用猎枪瞄准父亲，准备送他去地狱。这正是海明威平日的压抑心理在作品中的爆发。

　　同样，在海明威的《永别了，武器》《丧钟为谁而鸣》《太阳照常升起》《老人与海》等作品中，都有一个相似之处，就是男主人公妻子的遭遇要么是短命，要么是不幸惨烈的结局。这些情节背后都潜藏着海明威潜意识里对女性的恐惧和憎恶。

　　海明威的父亲和母亲在家庭角色方面是颠倒错位和畸形的。父亲在外面事务繁多，看起来硬汉一枚，但在家里却没有应得的尊重，在妻子面前软弱退让。海明威的母亲极度强势，完全没有为家庭和丈夫做出牺牲的想法，以自我为中心，骄纵自私、固执任性：为了自己的艺术梦，她坚持修建自己的音乐厅，不考虑家庭的实际经济状况；她常年把身体不适作为借口，躲在乡间别墅，六个孩子一个都不管，都甩给海明威的父亲，而不顾父亲同样要忙着行医；她甚至一把火烧掉了丈夫多年收集的动物、植物标本和珍视的印第安人弓箭。海明威的父亲常年在家中受到妻子情绪的虐待和摧残，还有每日例行的言语侮辱：不是骂丈夫出身贫寒、长得丑陋，就是骂他是不懂艺术的乡巴佬，就这样把丈夫的尊严踩在脚下再碾得粉碎。

　　海明威的父亲终于不堪忍受这一切，在中年饮弹自杀。海明威从此活在对母亲深深的憎恨和为父亲的自杀感到羞耻的黑暗情绪中。母亲，在他那里的称呼是"那个贱货"。他无论如何也迈不过自己心里的这一关，以至于这个问题始终折磨着他：如果父亲勇敢一点，理直气壮，像一个真正的男人一样对待自己的妻子，或者离开她寻找真正的幸福，他的生活会是怎样？

当人被羞辱时，会产生一种自我怀疑，这种自我怀疑的加深带着尖锐的痛感划破灵魂，最终会撕裂一个人，使他面目全非；他再也不会相信自己，也不相信任何存在的事物。

强势的母亲变本加厉地对待儿子，不尊重他的喜好，强加意愿让其服从，海明威的一点不顺从就会使她暴跳如雷。母亲，是海明威心头的那团黑色的风暴，刮走了他内心的平静和安宁。海明威在自杀前写过一篇文章，其中说："假如你还是写不好，那就自杀。"为何在我们看来如此优秀的人，会对自己这般厌恶和绝望，罪魁祸首是他那种来自灵魂深处的愧疚感。像海明威这样的人，不会认为"我做错了"，而是认为"我是个有问题的人"；不会认为"我犯了一个错误"，而是认为"我本身就是一个错误"；不会认为"我的行为不太好"，而是认为"我不好"。到最后只有一个方法可以结束痛苦，就是毁灭这个"我"。

海明威对父亲的感情是极其复杂的。其中一部分是出自一种共鸣，理解他的喜好，他的追求，因为他和自己一致；另一部分是恐惧，恐惧自己与父亲的相似。他害怕有一天，自己会变成父亲那样的男人，或遇到母亲那样的女人。这样的惧怕，使得他的妻子一旦有什么抵触他的行为，哪怕只是一件小事，他也会暴跳如雷，与她离婚。

专横冷漠的母亲无时无刻不影响着海明威。他没法走出一个怪圈：一直被和母亲相似的女性吸引。这样的女性，比他年龄大很多，强壮魁梧、聪明，有些男子气概，如出一辙的强势与自我中心。他的第一个情人阿格尼丝的身材几乎和他母亲一模一样，连头发的颜色也是相同的栗色。

　　海明威身边的女人们，都是其母亲的替代者。他在她们身上寻找缺失的母爱，一边索求，一边却又拒绝，因为母亲的伤害让他无法真心相信任何一个女人；因为担心受到伤害，所以只能自己保护自己，以致无法毫无顾忌地去爱。海明威总是同时拥有两个女人，明处一个，暗处一个，每次婚姻的失败都和另一段婚外情有关。

　　海明威的自我否定还来自性别的困惑。在海明威小时候，葛蕾丝喜欢把他打扮成女孩子的模样，和他的姐姐玛丝琳穿得一模一样，制造出他们是双胞胎的假象。婴儿时期的海明威穿过粉红色的连衣裙，带着有装饰花边的帽子。母亲带给他的性别不确定感从此便一直跟随着他，他曾不止一次和朋友说，如果他失去了性能力，就自杀。

　　孩子对其性别属性的意识，始于对男女着装和举止方面差异的认识。葛蕾丝本人具有男性化的性格特征，却喜欢把儿子打扮成女孩，以致造成了海明威的性别困惑，让海明威在心理上对女性短发有着恋物癖一般的爱好。他喜欢短发女人是众所周知的，他的几个女人为了取悦他，都曾把自己的长发剪短，把自己打扮成男人的模样；他的第三个妻子马莎为了吸引海明威的注意，甚至按照《丧钟为谁而鸣》里马丽亚的发式剪了一样的。他在小说中不只一次特意描写女人的头发，女人们梳理长发，再将其剪短，这个过程能让他充满激情。

　　海明威在颠倒角色性别方面的心理也在小说中有所体现，如《伊甸园》里，剪短发的凯瑟琳与丈夫做爱时，对他说："你在变，你在变。你在变成我的女友凯瑟琳。你愿意变成我的女友，让我占有你吗？"在《海流中的岛屿》《永别了，武器》中也都有类似的场景描述。人们就此得出结论，海明威可能具有同性恋倾向，而这种心理，也是造成海明威不幸结局的又一个原因。

　　母亲对海明威的负面影响，是他能意识到并试图摆脱的，但无论是迷醉于红灯区，还是去欧洲当志愿兵，或是写出令父母感到羞耻的小说，都没有让他摆脱母亲的阴影。这种痛苦使海明威焦虑沉闷，他害怕阳痿，整个生活异常压抑，慢慢渗透的抑郁感甚至让他想了结生命。这种与精神相关的病症，随着岁月的流逝愈加严重，直接影响到他的人际关系、文学创作甚至他的生死。

生命中最后几年的海明威，精神状况更加恶化，被认为患有躁郁症，他还经常以玩笑的形式和朋友们表演自杀的场面。极深的不安全感，让他不断有新的妄想，比如自己被监视，比如有人要来杀他。躁郁症的电疗法，击垮了海明威最后的理智和完整的记忆，他最终想结束这样疯癫破碎的生命，结束这一切。

熟悉海明威作品的人都知道，他所有作品中都有一个硬汉形象，一个浴血奋战的勇士，其实那就是海明威心目中的自己。在虚构的世界中，描写暴力一定程度上缓解了海明威内心世界的痛苦与焦虑，但也隐藏着硬汉背后的另一个海明威；那个人，脆弱到要不断决斗直到伤痕累累才能使自己勉强相信自己是个勇敢的人。

那种无以言说的羞愧和痛，就是原生家庭带来的魔咒。

2. 未落下的皮鞭——卡夫卡的黑暗牢笼与自虐

卡夫卡曾悲痛地认定，正是童年时代的创伤毁了他的一生。

他那美艳的伤口带着原生家庭的标记，在黑暗中生长蔓延，种子是父母亲自种下的，土地正是自己的家庭。那伤口最终开出美丽而惨痛的花，吸取他的快乐和自由，将他囚禁，最终使他粉碎。

卡夫卡小时候，他的父亲赫尔曼由于整日忙碌在商店里，只有晚上才回家，也只有这个时候卡夫卡才能与父亲见面。父亲是卡夫卡不能忽视的，又是完全陌生的存在；他毫无温柔可言，在卡夫卡幼时的记忆里只有严肃和权威感。

父亲从小生活的环境就是嘈杂的，再加上几年部队生活练就了大嗓门，所以只要他一回家，家里就不得安静。在卡夫卡还是小婴儿的时候，就常常被父亲弄出的这些噪音吓醒。父亲毫不关心沉睡的婴儿，他的世界只有自己，被吓醒的婴儿惧怕这种强势的声音，慢慢地在他幼小的世界里留下了恐怖的阴影：卡夫卡终其一生都在对噪音的惧怕中度过，这种心理问题始终折磨着他。

赫尔曼把军人的一套用在儿子身上，他要求绝对的服从。卡夫卡一天天长大，赫尔曼对其的控制欲也愈加强烈。他要求儿子完全按照自己的意愿去生活。他希望卡夫卡有军人的姿态，时常让他走军步、行军礼、唱军歌、痛饮啤酒等，还教他粗鲁的说话方式。但他完全意识不到，那种常由大笑伴随的大声命令，在卡夫卡幼小的心灵中引起了多少恐惧。

自私的父亲把儿子完全看成自己的附属品，因为是自己生的，所以可以随意摆弄。他口口声声说爱，但那种爱却带着刑罚。因为我爱你，因为你是我儿子，所以你必须按照我的要求，履行你的职责，听从我。不顺是最大的罪孽，不顺从将面临着失去父爱的惩罚。

卡夫卡在父亲面前是极其自卑的，这种自卑深入骨髓，让他自惭形秽，抬不起头来。卡夫卡的祖父雅各布·卡夫卡是一名屠夫，身强体壮，力大无比，据说能用牙齿衔起一袋土豆；父亲赫尔曼从小就能吃苦，7岁能帮助家里干各种很多小孩子不能做的粗活，14岁离家奋斗，19岁当兵，三年后升为中士。父亲想把卡夫卡培养成像他一样的壮汉，可卡夫卡却没有继承他们的健硕，一直是文弱书生的样子。这是父亲对卡夫卡不满意的源头，他从一个人最本质的特性上否定卡夫卡。父亲一直打击卡夫卡的这种孱弱。虽然卡夫卡实际上生得很俊美，1米82的身高本不需要自卑，但在父亲的打击否定下，他对自我形象的认知非常差，这使他总是处在一种强烈的不安中；他潜意识里一直想证明自己，重新得到父亲的认可。

这种自卑化成一股力量，刺激了卡夫卡的内心，使他坚决要在某一方面做出成就，打败父亲。父亲最不擅长的方式最容易被打败，那就是写作，卡夫卡只有在文字里，才敢对父亲说不。他希望有一天，父亲可以认真读他的作品，认可他，那样，他就不会再被自卑捆绑。写作带给他优越感和自信心，他按照自己的意志，创造了一个属于自己的世界，重新安排、主导这个世界里的规则和理性等一切，这便是他创作的意义所在。

在原生家庭中，父亲对孩子尤其是男孩的影响至关重要。他们引领着孩子迈向世界，帮助孩子建立正确的世界观、价值观，认识这个世界的法律、秩序和纪律。父亲帮助孩子适应这个世界，带着安全感和自信心在世界中寻求个人健康的成长和发展，而极端以自我为中心的、错误的引领，必将导致无法调和的父子冲突、关系的破裂乃至生命的分裂。

可怜的卡夫卡无法达到父亲的要求。他身体瘦弱，无法练就健壮的体魄；性格内向，没有父亲的大嗓门；喜欢阅读，沉默寡言的性格也不符合父亲的要求。在赫尔曼看来，卡夫卡整个人都是一个错误，需要纠正。他会用语言和情绪去宣泄这种不满，不断让卡夫卡认为自己是个错误，父亲则绝对正确；他对卡夫卡越来越粗暴，这是一种残忍的惩罚。

父亲是卡夫卡沉重的十字架，是他的毁灭，也是他的拯救。那十字架带着尖锐的痛楚钉进他的灵魂深处。他认为不服从父亲，遵从内心的引领用写作逃离这个赤裸裸的现实世界，是他的罪恶。他理应受到亚当夏娃一样的惩罚，被逐出乐园，终身飘泊，自生自灭；他没有得到父亲的爱，是他自作孽不可活。

在著名的《致父亲》这封信里，卡夫卡试图理清头绪，对父亲进行某种反抗；他在反思自己是否真的有罪，他试图结束多年来沉浸在罪恶感中生不如死的日子。父亲是否同他一样有罪或者至少存在过错？卡夫卡把父亲与自己同时放在审判席上，然后，卡夫卡发现，审判席上还有一个身影，那是他的母亲。

卡夫卡的痛苦不仅来自专政暴虐的父亲，同样也来自懦弱无知的母亲尤莉·洛维。和母亲的联系是所有自然血缘纽带的最基本的形式，这种血缘纽带能给人以依赖感与归属感。孩童跟母亲的和谐关系直接影响其整个童年时代，甚至一生。然而，卡夫卡与他的母亲尤莉关系同样是病态的。

尤莉3岁时母亲病逝，继母同父亲又生了3个儿子，加上之前的两个弟弟，她成了6个孩子中年龄最大的姐姐，也是唯一的女孩。在继母的管教下尤莉不得不充当女仆与五个弟弟"代理母亲"的角色。她整天忙得团团转，用无私奉献的方式赢得大家的喜欢和信任，获得家人的爱；她只有做得无懈可击才可以在这个家庭生存下去，因为她得到的爱始终是有条件的。

尤莉的生活总是在为别人付出，完全没有自我，这样自我价值感低的母亲，所有的精力和思考都用来去证明"我还不错，大家都喜欢我"这件事。她根本没有精力也没有兴趣去关照自己的儿子，可怜的小卡夫卡，因为这个小婴儿，只知道索取爱，还不能给尤莉带来她需要的认可和爱。

小婴儿来到这个世界，离开妈妈温暖的子宫，这里过分的明亮，到处是混乱嘈杂的声音，听不见妈妈的心跳，没有安全的空间；他不能动，不会说话，面对一切的陌生他备感无助，只能大哭。这时，母亲温柔的抚摸，带着慈爱的眼神和甘甜的乳汁，是帮助这个已经快崩溃了的小婴儿镇定下来的灵丹妙药；他开始感到安全，感到爱，开始和这个世界建立连接。

但卡夫卡和这美好的一切无关。当小婴儿卡夫卡拼命大哭，寻找妈妈的安慰时，她正在忙里忙外围着生意转。在丈夫的要求下，她做了他的助手，白天黑夜陪着丈夫，根本没有什么与卡夫卡单独接触的机会。她该履行的职责统统交由一个因金钱交易而来的保姆。这种虽然出生在看似和谐的家庭，却有一种被亲生母亲遗弃的恐惧心理，在卡夫卡的潜意识里扎下了根。

就心理学而言，婴儿不能和母亲建立精神和情感的链接，没有对母亲产生依靠心理的话，他的情感之门将永远关闭，无法与他人建立真正的亲密关系。成年的卡夫卡的确如此，他在人际交往中存在严重的焦虑和障碍。

童年的卡夫卡，每次面对父亲的批评教训，他心里想呐喊、想抗议的时候，母亲都会准时出现，在中间做"和事佬"的工作，劝他理解父亲，不要生父亲的气。看似母亲在帮助他，实际却从来没有一次站在他的立场上，为他说过一句话；硬生生地把卡夫卡正常的情绪给压下去，让他连发脾气的权利都没有，反而会因为生父亲的气而倍感自责。卡夫卡身上最后一点的男子气概，在母亲的"温柔"劝导下，也消失殆尽，剩下的是无穷的羞耻感和挫败感。"父亲为了自己好，没有错，我竟然生父亲的气，让母亲为难，我太不应该了。"这样的内心戏每天都在上演，折磨着小卡夫卡。母亲的做法使得卡夫卡永远地被父亲专制和粗暴的教育方式束缚在地牢里，终日不得见光。

父亲往往在发怒时威胁要抽他，他涨红着脸，急匆匆从裤子上解下皮带，可是他不是举起皮带，而是把皮带放在椅子上备用。按照卡夫卡的说法，这就好像一个人要被绞死一样："假如他真的被绞死了，那么一了百了，一切也就过去了；但是如果他经历了要被绞死的一切准备工作，直到绞索已挂在他面前的时候才知道被赦免，这样，他终生都会受到这种折磨。"

根据卡夫卡的传记，他的父亲没有使用过真正的暴力，没有进行过肉体上的虐待，但精神的虐待却更加触目惊心。例如，卡夫卡做错事，父亲会把他摁在椅子上，气愤地抽出皮带，恐吓小小的卡夫卡，要鞭打他一番。那令人颤抖的皮鞭始终没有落下来，可那份极度的惊恐与耻辱的瞬间却被定格和被无限拉长。父亲的做法貌似很仁慈，不让小卡夫卡受到皮肉之苦，实则是站在道德至高点逼迫他下跪。这种行为的背后的含义是，你罪恶如此深重，我还对你这么好，所以你应该对我的宽恕感激涕零。当卡夫卡从这种恩赐的荆棘中艰难地爬出来时，他已经没有任何做人的尊严可言。

而这个时刻，母亲在哪里？她就安静地在一旁，从始至终，看着儿子被恐吓、被侮辱、被裁决。然后在父亲惩罚够了以后，才现身来安慰受伤的卡夫卡。殊不知与父亲的惩罚相比，这才是更深的惩罚，因为在暗中进行的一切表明，母亲认同父亲的做法，默认父亲的审判，支持父亲的裁决，认同卡夫卡本该受到这样的对待。于是，一种更深的负罪感被内化，那是一种对灵魂的凌迟。

年幼的卡夫卡内心会有对父亲的不满和叛逆，他本可以像其他青年一样，奋起反抗，度过青春期，但温柔的母亲把最后一点正常的、属于他的理性判断也给绞杀了。她不停做的工作就是，让卡夫卡对父亲感恩，承认自己的罪恶滔天，父亲能宽恕他，他以后该对父亲完全服从，否则就该继续遭受各种惩罚。所以，母亲才是那压死卡夫卡的最后一根稻草。

最高的惩罚并不是使犯罪者受到公正的审判，而是使他们能够不断地自我审判和自我谴责。卡夫卡的父亲做到了，他成功地让小卡夫卡自我审判和谴责，而不是彻底反抗他的粗暴。这场谴责长达几十年，成为卡夫卡灵魂深处的一场酷刑。

从弗洛伊德的"超我"理论出发，我们得知，当"超我"和"自我"产生矛盾，发生紧张关系时，负罪感就产生出来，负罪感又伴随着自我惩罚的需要，从而导致以自身为对象的施虐和自我毁灭的病态现象。美国精神分析学家卡伦·霍尔奈的"自我憎恨"说提出，当一个人感到实际的自我与理想的自我差距过大时，有可能产生病态心理，即自我憎恨；他会对自己提苛刻无情的要求、不断自我谴责、自我贬低和怀疑、禁止自己的任何享受、自我折磨乃至毁灭。而原生家庭所塑造出的支离破碎的卡夫卡，也几乎把自己逼成了受虐狂。

在日记中，卡夫卡写道："今天早晨，我又一次感受到久违的、想象一把刀子在心中转动的快乐。"自虐，似乎能带来某种快感，让他沉浸其中，欲罢不能。他说："我的一生都是在抵御结束生命的渴望中度过的。"他不仅想象自己受酷刑、被刀绞、被撕裂，更想象着自己的死亡，死对他来讲比活着更有吸引力。当得知自己患了肺结核，无法医治时，他感到愉悦和轻松，得病的痛楚和想象受虐一样，让他得到快感。

卡夫卡的整个生活就是一场自虐。他白天上班，晚上写作，放弃常人的生活乐趣，将所有关于性、饮食、哲学思考和音乐方面的快乐全部废弃，"因为我的全部力量微不足道，只有集中起来才能对写作的目的略有用处。"他深居简出，通宵达旦沉浸在写作的世界。他甚至觉得"最理想的生活方式是带着书写工具和一盏灯，待在一间宽敞的、封闭的地下室的最里面。饭菜由别人给我送来，总是放在地下室最外面那扇门的背后，与我隔着很远的距离。穿着睡衣在拱顶下走过去取饭菜，是我唯一的一次散步。然后我回到桌子旁，边思考边慢慢地吃饭，吃完饭又立刻开始写。"

他认为自己只有写作这一小块地方可以得到施展，除此毫无用处，唯有透支身体，才不至于把一切弄得更糟。他甚至在去世前三个月，饱受病痛的折磨下，仍创作了《女歌手约瑟芬或耗子民族》。他不觉得这种摧残自我的生活有什么悲惨，反而觉得骄傲。他曾对情人费丽丝夸耀说，自己有着天生的苦行能力，能为写作放弃作为人的"欲求"，是他最大的幸福。

卡夫卡在与异性相处的心理方面也是病态的，他始终不敢走近梦寐以求的婚姻。对婚姻的渴望和恐惧同时并存在他的心里，三次订婚，却也三次取消婚约。卡夫卡孤僻的性格无法忍受别人对他过于接近。他不只一次说，亲朋好友令他受不了，并非因为他们坏，而是因为他们生活得太近。当他与恋人鸿雁传书时，他感受到甜蜜与爱，而一旦对方来到他身边与他单独在房间待两个小时，就会难受无比。"从我决心结婚的那一瞬间开始，我就再也无法入睡了，脑袋日夜炙热，生活已不成其为生活，我绝望地东倒西歪。"

为此，卡夫卡感到深深的内疚，他认为是自己的罪过给两个姑娘带来了不幸。由于内疚，他在与费丽丝交往期间开始沉湎于一些有自我惩罚性的自虐幻想。1913年9月初，他在致费丽丝的信中写道，鉴于自己给她带来的痛苦，他祈求用不久前因绝望而设计出的一种酷刑惩罚自己："在经过一幢房子时被绳索套住脖子，粗暴地拖进底层窗户，然后继续往上拉，穿过所有的天花板、家具、墙壁和阁楼，把我扯得血肉模糊、支离破碎。拉到屋顶后，绳套已是空的，因为在穿越瓦片时，我躯体的残余部分已脱落了。"

卡夫卡的人格已经超出正常范围，可归入神经症的行列。恐惧，让他放大眼前所看到的一切，巨大的压抑和焦虑，让他敏感的神经更加敏感，几乎到了要崩裂的地步。任何不完美都会折磨着他，比如一个头皮屑。

无法控制的东西都让他感到恐惧，而这其中最大的恐惧，来自人际关系。因为与人相处的过程，无法绝对控制，是随时发生，随时变化的，是感性的，充满感情的。这是卡夫卡无法碰触的边界，人际关系的恐惧症，最终让他失去了一辈子的好友勃罗德，他被迫进入与世隔绝的孤独境地。

这是一种精神分裂性防御机制。在这种机制中，现实的危险因素和威胁性质，有不断延续和强化的趋势；自我参与生活是可能的，但同时必须面对剧烈的焦虑。卡夫卡深知自己的状况，他说，唯有通过焦虑，他方能参与生活；直接参与生活，意味着被生活摧毁。

　　这种神经症的根源，来自原生家庭的影响，来自父亲所导致的恐惧。对人际关系既渴望又惧怕，对父亲既恐惧又崇拜，对婚姻既恐惧又渴望，都是神经症的体现。问题严重的一面是，卡夫卡的敏感，让他反过来强烈意识到了自己的恐惧和分裂。这种精神的折磨，最终导致他疾病缠身，痛苦和来自黑暗牢笼的自我惩罚，终将卡夫卡撕得粉碎。

3. 天才和魔鬼只在一线之隔——希特勒绑架世界

希特勒，提到这个名字，我们就会联想到恶魔、杀人狂、毁灭者。他有一副极度冰冷的脸，眼神却透着某种极不和谐的光亮，让人误以为那里写满虔诚和坚持，会将自己奉献给无比伟大的国家和民族。很多人被他的眼神吸引，从反对转为崇拜，成为坚定的追随者。

的确，我们无法否定他天才的一面，他在艺术和建筑方面的审美，在军事方面的天赋，深谙心理学、擅长演讲术，获得了巨大的影响力。但天才和魔鬼只在一线之隔，希特勒最终发动的第二次世界大战，导致了 61 个国家参加，20 亿人参战，5700 万人死亡。他想独霸世界却自掘坟墓，最后难逃自杀的厄运。

《穆雷备忘录》指出，希特勒患有神经衰弱、歇斯底里、偏执狂、强迫症、精神分裂、无限自我贬低和梅毒恐惧症等多种心理疾病，他甚至担心与女人接触会污染他的血液。一个人的灵魂如何变得这样不堪和支离破碎，还是要回到他的原生家庭去找答案。

人的性格来自于童年的塑造。幼年的家庭生活，与原生父母的关系，决定了一个人后来的性格，还有与世界和人相处的方式。幼年的经历决定了一生在基本欲望方面的缺失或满足。对男孩而言，父子关系更为关键。男孩需要父亲成为效仿的偶像，父亲健全的身心、良好的性格是打造男孩健全人格的基础。

然而，希特勒的父亲是一个具有破坏性人格的人。1889年，希特勒出生在德国与奥地利边境的一个小城，这里盛行着近亲通婚的习俗，同时私生子现象普遍。希特勒的父亲阿洛伊斯就是一个私生子。42岁的未婚村姑玛丽亚和人私通生下了他，然后在47岁嫁给穷磨工乔治时，把5岁的他送给了乔治的弟弟纳普姆克。10岁时，阿洛伊斯的母亲去世，养父把他抚养成人，送他读小学，又送他到维也纳鞋店学徒。1856年，19岁的出身寒门的阿洛伊斯参加了培训，通过刻苦学习，凭小学文凭考上了奥地利海关总署的公务员，在海关工作40年，直到59岁退休。退休前，他任海关监管员，年薪达到1100古尔登。1873年，36岁的阿洛伊斯和一个富裕的、50岁的独身女人安娜结了婚，获得了一大笔财产。1888年，他又继承了养父的巨额财产，以4000古尔登的价格买下了一个大庄园。

阿洛伊斯道德败坏。他私生活不检点，淫荡无度，对未成年少女特别感兴趣，而且个性粗暴，缺少教养。他生活极其放纵，30岁时和一位叫特克拉的女人私通、生下一个私生女；当他的妻子安娜生病时，他又和一个17岁的旅店女仆芬妮好上了，而当时他已经41岁了。

1880年，安娜毅然和花心丈夫离婚，阿洛伊斯顺势娶了芬妮。此时芬妮出于女人的本能，把从1876年开始在阿洛伊斯家帮佣的外甥女克拉拉赶回了老家。1883年，刚生了一个儿子和一个女儿的芬妮得了肺结核；阿洛伊斯坚持把克拉拉接回来，他和这个外甥女开始同居，对奄奄一息的第二任妻子芬妮置之不理。1885年，47岁的阿洛伊斯和24岁的外甥女结了婚，这个外甥女就是希特勒的亲生母亲。

我们无法说清是命运开了一个大大的玩笑，还是原生家庭诅咒的延续，希特勒一生最爱的人竟也是他的外甥女，而这个女孩却因希特勒狂热的追求，最终选择自杀。

希特勒的父亲阿洛伊斯性格粗暴专横、严厉刻薄、心胸狭窄。他像暴君一样在家里施行绝对权威，他遏制希特勒想当画家的梦想，强制性要求他一定要当公务员，为国家服务。试想，如果画家的梦想得到希特勒的父亲支持并最终实现，那人类或许就不会经历一场那么血腥可怖的磨难。阿洛伊斯充满暴力，动辄对儿女、妻子拳打脚踢。他的口头禅就是："你不服从我，我就掐死你！"他酗酒成瘾，下班后经常在小酒吧喝得烂醉如泥，希特勒不得不和母亲一起，去那个烟雾缭绕、臭气熏天的小酒吧把他拖回来，但换来的却是他的大吼大叫、毒打和侮辱。

母亲克拉拉对这个曾经是自己舅父的老男人，只有无条件的服从，逆来顺受，从不敢反抗。阿洛伊斯在希特勒母亲的失语和顺从下，家庭暴力愈演愈烈，有一次差点就把长子小阿洛伊斯打死；而希特勒遭受父亲的毒打和冷暴力也是家常便饭，他6岁时曾逃学三天，他的父亲用鞭子抽打他，并掐住他的脖子直到他喘不过气来。暴力和虐待使他内心极为痛苦，甚至因为饱受父亲的羞辱想跳楼自杀。

阿洛伊斯有着破坏性人格和神经质。他经常处于焦虑不安和狂躁中，一生至少搬了10次家，他几乎没有朋友，刻薄和恶毒就是他的代名词。这样一个父亲让希特勒在家里极度缺乏安全感，他没有体会过温暖和亲情，更没有体会过一丝一毫的父爱；家庭带给他的是无尽的恐惧、焦虑、困惑和人格的破坏力。

希特勒19岁那年，他的母亲离开了人世。带着一小笔遗产，他来到维也纳。他学到了政治，演讲，吸引民众的手段，利用民众反犹心理，逐渐成了领袖。

使小希特勒最终成为"后来的希特勒"的人中有一个重要人物是他的母亲克拉拉。克拉拉生了六个小孩，只养活了希特勒及其妹妹保拉，因此，克拉拉对希特勒百般溺爱。希特勒从来不做体力劳动，也不喜欢体育运动，他非常依赖母亲。

这是一种畸形的恋母情结。他热爱着、崇拜着自己的母亲，在他心目中，母亲的神圣和父亲的亵渎形成鲜明对比，在心里他早已把父亲打败，代替了父亲。但事实上，他暗暗羡慕父亲的魁梧和男性魅力，他潜意识里想通过打败父亲，来证明自己的强大，证明他的真实样子不是别人看到的那么软弱。

希特勒的原生家庭充满了暴力和虐待，这对孩子的影响是破坏性的。暴力会给个人心灵及意志带来极大的束缚。孩子，是暴力的受害者，他们深受暴力之苦，但往往却又是暴力的传播者。这种说法似乎令人不解，而事实上，在暴力伤害下成长的孩子，认为自己没有任何选择的权利，唯有把一切牢牢控制在自己的手中才放心，因此他们会迷恋权威，暴力让他们获得掌控感，才不至于让自己又陷入被施虐的恐惧中，他们因此成为了施虐者。

后来的希特勒正是这样一个要通过暴力克服恐惧长大了的孩子。他之前是被害者，现在变本加厉伤害别人，并以此为乐，暴力渐渐成为他的生活方式。另外一个同样让他感到安全的是不变的法律和秩序，他是其绝对忠实的拥护者，当然也要成为法律和秩序的制定者。掌握了这一切的希特勒从原生家庭一直被压抑的情绪，终于得以发泄，把像核武器一样的愤怒喷发在被选定的犹太民族身上。人类最耻辱的历史，最灭绝人性的大屠杀背后，是一个小男孩对儿时被父亲毒打的报复心在作祟。

希特勒是极度自恋的。他最爱的事情，就是和他自己有关的事。他擅长演讲，也是因为他有一种动力，让他滔滔不绝一刻不停地讲述自己，用观念和思想去征服其他人。自恋病态到一定程度，就会认为别人理所应当按照自己的思想去行事，自己就是真理。这种把自我等同于神的心理，是人性的原罪——骄傲导致的，自卑的极端，就是骄傲的最高境界，除了我，没有别人。希特勒在战时，经常听自己被录下来的声音，对他来讲这就是最高享受。他眼中的自己越来越完美，最后已经到达和现实完全不符的境地；他不允许别人打破他的梦境，因此他要在强权中，占据制高点。癫狂自恋的人，已经无法对真实世界作出真实判断。

自恋的希特勒，在情感上是麻木的，他没有任何同情心。一次，当德军面临着溃败的危险时，希特勒下令将德军所有放弃阵地的指挥官立即处死。自恋，让他一步一步走进自我世界的死胡同，表面上他统治着世界，实际却与现实世界越来越远，直到完全活在自己虚幻的感觉中。在他看来，如果数以百万的人群赞同自己，那就证明自己是绝对正确的。实际上，人无法做到完美，飞得更高，注定摔得更惨，甚至万劫不复。

沙滩城堡的坍塌，让希特勒从并不美的梦中惊醒，他想毁灭一切，却最终将自己拖入坟墓。他想用愤怒和仇视绑架全世界，最终却仍要面对那个孱弱的自己，他所做的一切只是一场噩梦，而梦终究要醒来。

4. 多少伤害以"爱"之名——贝多芬酗酒的父亲

1770年12月16日，德国科隆附近的篷恩，伟大的音乐家路德维希·凡·贝多芬来到这个世界。

贝多芬出生在音乐世家，祖父和父亲都是宫廷歌手。贝多芬的母亲是女仆，厨子的女儿，初嫁男仆，丈夫死后嫁给贝多芬的父亲。贝多芬的父亲是男高音歌手，他有严重的酗酒问题，大部分时间里都喝得大醉；家里没有一点和气，酗酒耗费了他几乎全部的精力，他甚至连家人们是否有足够的吃穿都从未过问。家里唯一的温暖来自祖父，祖父爱着贝多芬，他因孙子的音乐才能感到莫大的安慰，可惜小贝多芬四岁时，祖父就去世了。

这样的原生家庭是病态的，黑暗的，满是暴力和强迫性行为，更可怕的是"管教"以"爱"为名，让幼小的孩子更不敢抗拒，内心渐渐分裂。贝多芬被整天钉在钢琴前面，一弹就是几个小时，在楼下监督的父亲如果听到有弹错的，不容分说上来就是几个耳光；有时候，他把贝多芬和一架小提琴关在家里，让他整天练习。邻居们都心疼这个孩子总是遭到爸爸严厉的斥责和无情的棍击，小小年纪就不知流了多少眼泪，在内心里留下多少阴影。贝多芬没有感受到这当中任何的爱和尊重，他像一个工具，或是父亲的所属物，时不时被拎出来作为"神童"表演，在外人面前给父亲长面子。为了出名，父亲谎报年龄，在贝多芬8岁时，把他带出去当作6岁孩子开音乐会。他从来没有从孩子的角度考虑过，他需要什么，他的快乐是什么，他的出发点永远是怎么满足自己。

有一次，一个没什么水平的旅行音乐家来到市镇，他和贝多芬父亲在一间酒吧喝酒喝到半夜。回家后，两个醉鬼把熟睡的贝多芬从床上拉起来上课，惊恐的孩子揉着眼睛看到两个烂醉如泥的人，这一课一直上到天亮。酒精降低了人的自制力和思考能力，身体以及情绪的虐待就显得不足为奇。在酗酒的原生家庭里，长期存在着深沉的痛苦。这并不是一个人的问题，而是全家人都要对此痛苦做出适应和牺牲，每个人都焦虑不安，终日惶恐。

每一个家庭中的孩子在心理发育上都有自恋满足的阶段，这种自恋满足来自父亲母亲双方充分的爱和关注。孩子在自恋满足下，能够形成健康的自我形象，对待周围的人与事充满自信，不卑不亢，但酗酒家庭的孩子在这方面远远得不到满足。因为家庭的中心都在围绕父亲的酗酒问题，父亲的缺位导致母亲终年疲惫不堪，她没有精力顾及自己的孩子，因此幼小的孩子只能转向内心在幻想中与父母联结，他们成年后往往也会转向上瘾及自我陶醉的习性，来缓解或隔离心中的痛苦。

1787年，贝多芬的母亲因病早逝。她一生苦难，因为丈夫酗酒，自己担当起了家里所有的事务，在经济上忍受丈夫的挥霍无度，在情绪上还要忍受丈夫的施暴，最终积劳成疾，死于肺病。母亲的去世对贝多芬是极重的打击，因为那是家里仅存的温情。尚未成年的贝多芬不得不独担门户，他负起了抚养和教育两个弟弟的责任。贝多芬和父亲在一家剧院工作，眼看着母亲去世了，他害怕父亲把所有工资挥霍一空，就请求剧院老板让父亲退休回家，把退休金交给自己来管理，这样起码还能勉强来支撑这个家，不至于一分钱得不到。

由于父亲的酗酒和情绪失控，这种家庭中的孩子往往会成为"小大人""照顾者"，牺牲自己的成长照顾弟弟妹妹，扮演着缺失的父亲或母亲的角色。从生活上到情感上都需要精心被照顾，才能健康成长的孩子，过早被逼迫着担起一切重任，表面上看起来和其他人没什么不同，甚至比大人做得更好，但内在的他们却始终还是个孩子。这个孩子不停在心里呼喊："我需要爱！我也要被照顾！"

极具音乐天赋的贝多芬没有被父亲的暴力训练绊倒，是他的幸运，也说明他对音乐真的充满热爱。他8岁首次登台；11岁发表第一首作品《钢琴变奏曲》，加入剧院的乐队；13岁成为一位管风琴乐手，之后来到维也纳，开始跟随海顿等大师学习音乐。

1792～1800年，经过8年奋斗，30岁的贝多芬已经成为维也纳公认的首屈一指的音乐大师。可第二年，他发现自己耳朵出了毛病，一开始是嗡嗡作响，之后听力日渐衰退。

1802年，32岁事业登临巅峰的贝多芬从来没有料到，上帝会用音乐家最恐惧的耳聋来磨练他。他曾小心翼翼隐藏起这个秘密，只对弟弟倾诉痛苦，甚至在这一年写下了遗书；但他恪守的道德和音乐阻止了他。"我要扼住命运的咽喉，它永远不能让我屈服"。在这样的痛苦中，他与命运搏斗，又活了25年。

贝多芬的脾气越来越狂躁。他专横独断、藐视一切，除了真心爱他、能包容他的人，几乎没有交心的朋友；与邻居关系极差，时常发生冲突，所以一年要搬迁多次。他好像居住在一个蛮荒之地，与所处的社会格格不入。他曾因为一盆汤做得不够好，将汤带盆泼洒在自己投宿的旅舍主人身上以示怒气。还有一次不知道因为什么事情动怒，直接把一个开盖墨水瓶摔到钢琴键盘上。他弹琴时，因时间过长手指会发热，所以，他的钢琴旁随时都放着一盆冷水，每当手指发热时，就将两手放于冷水里浸泡，拿起来后又继续弹奏。不过他弹琴的动作极其凌乱，每弹一次琴，都会有一大盆的冷水被洒于地板中，这冷水由地板缝隙向下流，滴于下层住户的床榻上。楼下主人向这家旅舍讨说法，旅舍主人对贝多芬多说了几句话，贝多芬就开始动怒，并即刻迁出旅舍。

贝多芬内心的痛苦导致他用情绪不受控来发泄和缓解，慢慢形成了一种情绪上瘾。为了使痛苦降低，我们可以以一种较平淡或较不痛苦的情绪来替代具有威胁性的情绪，贝多芬用愤怒替代恐惧即是如此。这个脾气暴戾的男人，已经内化了自己的愤怒。他期望自己可以战无不胜，可以接受任何的挑战，他害怕软弱无力的感觉，还怕被别人发现他的恐惧，因此他以愤怒来掩饰自我。愤怒可以使他感觉自己变强壮了，愤怒可以掩盖脆弱的无力感。

除了情绪问题，原生家庭所带来的亲密感上的问题使得贝多芬在感情上也饱受折磨。他终身没有踏入婚姻，却一直在恋爱，最长的恋情不超过7个月。他爱上的第一个女孩叫朱莉亚，这是个不成熟又贪婪自私的女孩儿，贝多芬曾为她创作了那首著名的《月光奏鸣曲》。但这个女人风流成性，只是和贝多芬玩乐而已，很快抛弃了他与一个伯爵结婚了。这让贝多芬痛苦万分，几次想自杀，经过三年时间，这段创伤才得以平复。贝多芬36岁时，和另一位女士特雷泽订婚。特雷泽是他钢琴课的学生，是朱莉亚的表妹。但这场感情还是以被迫分离收场，因为家庭条件差距太大，而特雷泽又必须面临女王提出的婚约，最终他们不得不解除婚约。这次感情失败后，贝多芬更愤世嫉俗了。

贝多芬的晚年完全靠酗酒度日。他生活极其困顿，每天大量时间都消耗在酒吧里，他成了另一个酗酒的父亲。斯瓦福特认为，酗酒和其他健康问题结合在一起，给贝多芬带来了致命打击。

这是一个诡异的现象，许多酗酒家庭的孩子，日后会无一例外成为酗酒并上瘾的人。"酗酒家庭是有强迫行为的家庭，每一位成员都因为无法满足需求而饱受痛苦。有人将酗酒家庭的子女和集中营生还者加以比较，发现两者有相似的精神及心理问题。来自酗酒家庭的孩子，若不经过治疗，会将创伤后的心理失调症状延续至成年。"这是来自约翰·布雷萧的《家庭会伤人》中的一段话。酗酒家庭中的孩子身上出现的不仅仅是酗酒问题，他们在与人相处方面也存在问题，更多是无法真正建立亲密感、压抑的愤怒情绪无法导出、严重的自我中心等。这都是原生家庭带来的伤害。这些原始创伤导致强烈的空虚感，而空虚感不能得到满足的时候，人们往往会选择立竿见影的解决方式，如酗酒或是其他上瘾行为来缓解压力，逃避痛苦。

从1816年起，贝多芬深居简出，不再与身边友人有什么实际的交往，联络都依靠纸笔。他作曲时，需要借助一根木棍来"听"，木棍一端插进钢琴音箱，另一端用牙齿咬紧。这一年，他患上了严重的气管炎，1817年被诊断为肺病，1820年得了急性关节炎，1821年得黄疸病，1823年又得结膜炎。

1827年3月26日，贝多芬离开人世，享年57岁。他走的那天，狂风暴雪，电闪雷鸣。他的一生，心灵在音乐的王国自由驰骋，肉体却在这堕落的人世间饱受折磨。他离开人世后几天，世界各地的仰慕者纷纷来到维也纳，送别贝多芬。

贝多芬最重要的作品，大多诞生在他失聪之后，这是一个奇迹。他孤独地生活在这个世界中，无依无靠；他把侄子卡尔当成自己的亲生儿子，在他身上倾注了希望；他与自己的病情抗争，与厌恶的官僚和贵族抗争，与自己的命运抗争。他也许到死都没有一天真正开心快乐的日子，但他没有崩溃或自杀，没有垮掉。

世界安静了，他反倒听见了自己。在音乐世界里，他是一个巨人。

5. 受到惊吓的孩子——"白房子"里的顾城

1956年，因母亲健康原因，顾城比预产期提前七周来到这个世界上。也许生命的最初他就带着母腹里的焦虑和不安，他没有做好准备迎接这个过于复杂的世界。

顾城的父亲顾工是一位诗人。浪漫的基因和耳濡目染让小顾城对诗特别感兴趣。6岁时，他就写了第一首诗，由他口授，姐姐执笔，写在明信片上，寄给父亲。

8岁的顾城写下了"我失去了一只臂膀/就睁开了一只眼睛。"（《杨树》）

顾城有着诗人的天赋，也有着诗人的敏感。他对爱或恐惧的感知都比一般人要更加强烈。而不幸的是，顾城的幼年遇上了"文革"。特别的童年，注定了特别的一生。

弗洛伊德的儿童心理学告诉我们，童年经历、童年记忆会影响人的一生。而童年时期，由天灾人祸引发的一种强烈的情感反应，特别是危及生命的事件可导致心理创伤的发生。心理创伤可以影响整个人，包括身体、智力、情绪和行为的改变。

顾城这样形容小时候的恐惧："我小时候看到这些墙很害怕，那时我知道人死了是要变成灰烬的，这墙是灰烬粉刷成的，我害怕，我感到我迟早要被涂在这墙上。后来我慢慢知道了。这种痛苦一直伴随着我。"

内心的恐惧是这个孩子在童年感受到的一切，除了恐惧还是恐惧。

而对他伤害最大的是，父母并没有在这样的时期在身边陪伴他。

顾城回忆这段经历时写道："父母呢，对我来说，他们老是不在，是个特别遥远的事儿，他们经常出发，一年一年地不在。我就是在脖子上挂个钥匙，七八岁，自己到食堂吃饭；然后回家摸着黑儿走那个长走廊，吓得要死，跑进家拿被子一盖，缩墙角就那么睡着了。有时手上拿一根棍儿就睡着了。"

当他一个人在家时，完全没有安全感，他想象有人会随时把门踹开，他随时会死亡。他没有人可以倾诉，可以依靠；他的父母不在身边，没有一个朋友。这种恐惧好像在顾城的心头上悬了一把利剑，不知道它什么时候会落下来。这种恐惧带来的紧张感和巨大的压力，是一个弱小的孩子无法承受的，他的身心受到了强烈的刺激。

在这样的恐惧中，顾城是被父母遗忘的，他们并没有给他任何的帮助和安慰；大部分时间里，他们都把一个孤单恐惧的孩子留在家里，以致他饱受负面情绪的折磨。顾城在最需要父母的时候，被忽视，他感受不到爱，感受到的只是绝望。这种爱的缺乏，虽然部分是由特殊的社会背景和社会压力导致的，但也无法改变这样的结果给顾城带来的不可逆的伤害，塑造了他极端分裂的性格。

在一个弱小的孩子心理尚未发育成熟的情况下，感受到生命的幻灭和黑暗，导致了他一生的压抑。生命在他看来，随时可能消逝，一切变得毫无意义。

顾城的父亲曾提到："顾城害怕楼下的世界，害怕看人与人之间的争吵、厮打，他越来越想躲开纷争、躲开喧嚣激越的声音，把自己埋在一个角落，只去想那只有天籁的世界。"从那时起，他就不再信任这个世界了，不论是政府、学校还是知识，都不再信任了。这种恐惧的强烈刺激，使得顾城与整个世界隔离，他的安全感完全崩塌。

在无力的现实面前，顾城开始构想他的理想国。

顾城后来写道："为了活下去，为了恐惧死亡，我做了这么可怜的事情——我要学习一种语言。"这种语言就是"诗的语言"。在为了活下去的动力下，他开始作诗。他那些充满温馨的"童话诗"实际上都是他的自我救赎，很多都是来自内心的恐惧；他从大自然中找到爱，表达爱，对抗心中的恐惧。

1969年12月，顾城"随父下放，居火道村"。

在接下来的几年乡村生活中，顾城心理上的创伤得到了暂时性的疗治。火道村封闭的生长环境使他渐渐修筑了一条和外部世界隔绝的鸿沟，只从自己的角度看待外部世界，这阻碍了他社会情感的发展；因此，他看起来自闭、怯懦、敏感多疑、情绪失控。他不知道如何与人相处，本质上是因为他无法从自己的世界跳出来，站在别人的立场思考问题，这导致了他被人憎恨的极度"自私"。

乡村的生活让他走出了恐惧，但也让他形成了依赖。乡村成为他情感上的避难所，他再也无法重新融入到城市生活中，因为那里承载着他童年全部的恐惧，一旦碰触，马上回到先前的创伤中。他做过很多尝试，每一种工作都努力去做好，编辑也好，搬运工也好，虽然都能出色完成工作，但心理上的痛苦日益加深。他回忆进城时说："我17岁重新回到北京的时候，我的生命感觉就陷入了一片混乱。""上海非常可怕，我只在半夜12点和老鼠一起出来，去街上走。"

一个无法在现代社会生活的人，只能逃避到与世隔绝的地方。顾城真的找到了这样的地方，就是新西兰的激流岛，他真的建造了一座属于他的"白房子"。

在《英儿》中，顾城说："想挣个白房子之类的送给你，我拼命干。"这个白房子，就是他的理想国，而他是理想国中的国王。

顾城和他的妻子谢烨生前的密友，青年女诗人文昕回忆道：一次，她与顾城、谢烨、英儿在顾城家翻阅一本外国画册，里面有非常漂亮的花园洋房，于是他们便"分房子"。谢烨喜欢暗色调的房子，顾城、英儿、文昕则倾向于那白颜色的房子。顾城说："也许真有一天，我有一座白房子，这么漂亮，外面有一个很大的花园。能看到远处平缓的小山，还能望见远处的大海。我们一起住在那儿，种花和果树，养一些小动物。"

从此，"白房子"就成了顾城理想国的代称。理想国里要有花园、大海、鲜花、果树、小动物；更重要的是，要有房子的主人，那就是纯洁、美丽、善良的女孩子。他在给文昕的信中说："我是在梦想一个女儿世界……女孩被人碰了，我心就会发抖，因为那是我的心。"

到达激流岛的第一天，顾城对谢烨说："这是我找了20年的地方。从我12岁离开学校就开始找了。"顾城以极大的毅力，亲自动手，寻找木柴、食物、修补房屋、挖化粪池……

他说："我要修一个城，把世界关在外边。"

顾城在这个理想国里，找寻他失去的安全感。这个他的国里只有一个男人就是他自己，连小儿子都要被拒之城堡之外。他幻想"要有12个女孩子，她们都银盔银甲，拿着银枪银箭，保卫我的城堡，他们的枪法箭法都是第一流的，凡是企图闯进城堡的男人都将死在城池之下"。

在他的梦幻女儿国里，有谢烨，也有英儿。这两个女人他都爱，缺一不可，他最陶醉的时刻，就是英儿和谢烨在一起和和美美生活的场景，她们肩并肩在海边散步，那是他童年的梦幻。他有这样"美好"的幻想，是因为他完全地以自我为中心，无法从女性的角度去思考问题。

谢烨，是一个非常美丽、智慧的女人。在顾城的猛烈追求下，恋爱四年最终嫁给了顾城；她被顾城的才华吸引，但也承受着顾城性格缺陷给她带来的痛苦和折磨。

多年来她一直为顾城默默奉献自己。顾城说"谢烨是我的拐杖"，他曾无数次说自己离不开谢烨，因为他确实太需要谢烨母亲般的呵护。

顾城七八岁的时候，父母常年不在家。对母爱的缺乏和渴望使得他一直寻找着母爱的替代品，他在谢烨的身上弥补着自己的童年创伤带来的心灵空缺。

谢烨完全符合他的要求，她始终像母亲一样照顾他的生活，不仅为他掌管家庭钱财，还为他找袜子和衣服，做一切的家务，像保姆一样照顾他的起居；她还施展她的交际才能帮他联系出版社，陪他到处去演讲。除此之外，谢烨还要照顾他小孩一样脆弱多变的情感。

在顾城的诗《简历》中，他写道："我是一个孩子，一个被幻想妈妈宠坏的孩子。"他还说，"我是一个悲哀的孩子，始终没有长大。"

谢烨让他剥豌豆，他剥着剥着把黄的与绿的分成两拨，命名为黄师团与绿师团，在地板上指挥了一场豌豆师团的大战。做饭的时间到了，他却把泥柑锅放在煤气灶上"冶金"，为谢烨铸没有任何实用价值的"锡脚丫"。他请谢烨抄稿，支付一种自己制的名为"金银券"的代币，却又很难兑现。他像孩子一样在生活中游戏着，他的行为和一个孩子无异。

当谢烨生下他们的孩子小木耳时，顾城让她把孩子送走；他不允许小木耳在他们身边。他觉得自己也需要照顾，而儿子小木耳会夺去谢烨对他的爱。这完全不是一个正常成年人的心理。实际上，顾城在拒绝长大，而儿子的存在时刻提醒他自己是父亲了，要有责任感，他排斥这种责任感，因此会拒绝小木耳

谢烨很爱自己的儿子，母性的本能让他难以割舍。但后来顾城对儿子

的厌恶甚至发展到生理反应的级别，他会突然向儿子施暴，将儿子从沙发上踢下来，然后自己倒地，肌肉痉挛。谢烨无法判定顾城是否故意装病，但是，为了她所爱的两个男人都好，她不得不把这两个男人分开，同时也将她自己与儿子隔绝开了——她为了顾城舍弃了自己母亲的角色。

还有一次，顾城和谢烨与舒婷一起去逛一个小商店，谢烨看到一个玩具，是个小青蛙，摁一下，哒哒哒叫一下。谢烨就说，这个我买了，才1.99元，说着就出去付账，打算买下来送给孩子。顾城不让买，坐在地上，就跟小孩子撒娇一样坐在地上不走了。谢烨真的很生气，在旁边就哭了。舒婷简直不明白发生什么事，后来她掏钱买下了那个玩具。

弗洛伊德认为，人格是在力比多的心理能量基础上发挥作用的。在他看来，儿童在经过每一个心理性欲阶段时，都必须应对某些挑战或危机，遗憾的是，少量的力比多在解决各阶段的危机时被消耗了。然而对大多数人来说，仍有足够的心理能量来控制成年期人格。但有时儿童在某一阶段遭遇到某种特殊的创伤体验或过度满足会导致力比多的大量消耗或滞留；随之而来的是，自我没有足够的能量维持正常的成人心理机能。这样的成年人会表现出能量被固着了的那个早期阶段的特征。

显然，顾城患有心理固着。在给文昕的信中，他有这样的自白："我的个性太极端了，我的最深处从来没过八岁。"而七八岁的年龄，正是顾城开始经历内心恐惧的时刻，他也是在八岁开始有意识地写诗，投入到他幻想的童话世界中。他的心智好像停留在那一个点上，不再发育了；外表是一个成年人，内在却是一个孤僻又任性的孩子，畏惧地看着这个世界。谢烨就一直与这样一个长不大的孩子一起生活，直至耗尽自己。

即便如此，顾城还在暗中和英儿保持书信的往来。疲惫不堪的谢烨默许了一切，甚至做出了一个常人无法理解的决定，帮助顾城把英儿接到激流岛上来，一起生活。她其实有着自己的想法，这样能转移顾城的注意力，也能抽出时间来看看自己的儿子小木耳。

就这样英儿踏上了激流岛。顾城心满意足看着两个女人围着自己转，过上了女儿国的日子。顾城曾对英儿说："雷（谢烨）是我造就的，而你是和我一模一样的。"但是英儿上岛以后，顾城发现英儿与他并不是一种人。她渴望现代的生活，对天国花园并不感兴趣。她好像更喜欢那个当年在讲台上用诗一般的语言征服她，让她为之倾倒的顾城，而不是眼前这个搬石运木的"山大王"。

最后，英儿和另一个男人出走了，她决定离开这个不属于她的地方。英儿的出走，对顾城来说，不仅是爱情的破灭，更是对天空中的理想国致命的一击。他把英儿看成"致我死命的人儿"，"在我死前就等她一个电话，哪怕告诉我，她不爱我也行"。

从英儿出走到顾城出事，期间9～10个月的时间，顾城频繁在通信中提到死。这段时间，在谢烨的建议下，他写了情爱忏悔录《英儿》，这是他生命最后阶段倾注全部感情去写的最后一本书，里面有着他从爱情到艺术、到人生理想的回顾，是他的心灵传记。

这个时候，出现了一个疯狂追求谢烨的男人，谢烨的心开始动摇。作为母亲，她有着对儿子天性的爱，这种割舍对她来讲异常痛苦。她一直在矛盾中，这一边是理想国中的国王顾城，另一边是小木耳和生活的自由。她想把矛盾解决，把二者统一起来，但顾城坚决不同意，她只好选择离开，可也是她最后的决意离开断绝了顾城的最后一线生机。

于是，悲剧不可避免了。"谢烨只要离开我，死就到我面前来了。"

内心的占有欲越是强烈，就越不能容忍一点不忠，否则就要以极端的方式捣毁。像一个固执的孩子，喜欢一个玩具，当不能再玩了，就把它弄坏也不想让别人玩。顾城在爱情上的表现就是不占有就毁灭，自己再也无法得到了，也不会让别人得到。

1993年10月8日，顾城用一把利斧，杀死了他曾经最爱的女人——谢烨，然后在门口的一棵树上上吊自杀了……幼时潜意识里黑暗意识的激流，终于冲垮了他最后一道防线，他彻底疯狂了。

6. 岁月和死亡紧密相连——三岛由纪夫的病态美学

在一些日本文学作品中，我们可以读到人性阴暗、暴力血腥、变态残忍、死亡情节，等等，而这些的根源都是现代工业文明下，日本民众对美之概念理解的裂变和转换，病态、死亡、恐怖代替传统美学中的和谐，成了日本文学的主要追求。

如果说，病态美学是社会发展所带来的必然的反思，那病态美学作家就是当时大社会下小家庭的病态缩影。其中最具代表性的就是三岛由纪夫。

被称为"日本海明威"的文学大师三岛由纪夫，是一个极为矛盾的人，政治上他极端激进，艺术上却是极尽阴柔与哀伤。他的作品中经常会出现一些背道而驰的原则，如爱与恶，美与丑，优雅与暴烈，青春与老朽，诚实与伪善，希望与破灭，均衡与破坏，等等。他的作品在充溢着生机和活力的同时，死亡也与之并肩而行，甚至连他自己最后选择的切腹自杀，也极具这种病态美学的形式；他推崇这种血淋淋的死亡之美，而这一切归根溯源，来自于他特殊的童年。

三岛由纪夫1925年出身于一个没落的贵族家庭。贵族，这个与生俱来的特殊身份，让这一身份拥有者的血液里都充斥着虚荣与高傲，可惜三岛由纪夫家的贵族，前面还有一个头衔叫"没落"，这就意味着，从云端狠狠地跌入泥潭。三岛由纪夫的祖母永井夏是水户藩藩主的外孙女，有着日本贵族血统，是个典型的充满威仪的固执、神经质的传统贵族女性。没落对她而言，威力堪称是毁天灭地的，在这样一种巨大的落差下，她的内心滋生出了一种病态的虚荣，和对绝对权力的向往；加上她原本出身贵族武士世家，从小生活在与明治天皇血缘很近的亲王有栖川宫身边而形成的高傲、严谨的性格，使得她对自己唯一的孙子三岛由纪夫，有着极强的控制欲。

三岛由纪夫出生仅49天，祖母永井夏便将他带离了亲生母亲的身边，放到了自己的身边看管；她将三岛由纪夫放置在自己先前就为他准备好的小床上，而旁边就是自己的床。永井夏寸步不离地看管着三岛纪由夫，甚至当她不得已必须出门时，还会找个护士专门看管他。而三岛纪由夫与亲生母亲的见面，也只能是在他饿了，需要喂奶时，永井夏按动电铃，将孩子母亲召唤下来，给个10～15分钟的时间喂奶，完事后就要立刻离开。

永井夏身患坐骨神经痛，对声音极为敏感，她禁止三岛由纪夫和男孩儿玩耍，怕他们发出响声吵到自己，于是三岛由纪夫的玩伴就只有邻居家的三个小女孩，玩的内容也都是些叠折纸、搭积木等"悄无声息"的游戏。于是在那个本就不大的小房子里，整日陪伴着三岛由纪夫的只有三个女护士、三个女佣人、一个被命令不准露面的亲生母亲和一个常年卧病在床的祖母；三岛由纪夫的一举一动背后总有一双严厉和批判的眼神盯着他，而这大多来自于那个神经质的祖母。在这样一个充满了阴柔气的环境里，三岛由纪夫根本体会不到硬朗之风，也就自然而然有了女性气质。

也正是因为这种极端的环境，让成年后的三岛由纪夫产生了"性倒错"，加上自身身体的虚弱，使得他对同龄男孩子更多了一份迷恋；而他对男性强健肉体的向往，在他欣赏油画《塞巴斯蒂安殉道图》时被激发了出来。

　　童年的三岛由纪夫最喜欢的便是独自一人在房间里看童话故事，并根据童话的场景，自己创作绘画。在童话世界里，三岛由纪夫将其与现实相交织，尤其是在读到黑衣王子的七次死亡故事时，他执拗地在其中寻找一种"异样性的东西"，一种他从未感知过的东西——鲜血和死亡。其实，鲜血和死亡是三岛由纪夫最熟悉不过的东西，祖母永井夏深受坐骨神经痛和梅毒的折磨，每当病发时总是疼得"咿呀"地呻吟，那笼罩在整间屋子里的压抑和痛苦，就像是一座座大山压得人透不过气。他对于这种熟悉事物的变异表现为上瘾般的执迷，最终终于发展为近似自虐一般病态的喜好。

　　不过，或许伟大的艺术家天生就要与众不同。在这样扭曲的环境中成长，也给三岛由纪夫未来的创作之路埋下了种子。身为贵族，歌舞伎与能剧等文艺活动是再寻常不过的消遣，因此即便是家境没落，但固有的贵族架势还是少不了的。于是，在三岛由纪夫很小的时候，永井夏便常常带他去看表演，而永井夏本身对西方文学的喜爱，也很大程度上感染了他，让他寂寞的童年生活里尚有一丝救赎的光芒；尤其是在后期，母亲夺回抚养权后，倾尽所有培养他的文学兴趣，并给与他鼓励，更是大大地激发了他对文学创作的热爱。

　　从中篇小说《中世》和短篇小说《烟草》，三岛由纪夫开始了自己的文学之路。或许是童年时期胆战心惊的经历，使得他能轻而易举的抓住人际间紧张、隔阂的形态，天生的敏感让他能将人与人之间最真实而黑暗的一面描写得淋漓尽致。但也正因为这样，他所要承受的要比其他人多得多，他需要写作，这是他人生唯一的救赎，也是他存活的唯一方式。因为，如果他不写，他又会变回童年时期那个渺小、无助的自己。这种潜意识里的不安全感，伴随了三岛由纪夫一生，于是在疯狂中写作，越写作越疯狂，这也为日后他的死亡埋下了种子。

多数人将三岛由纪夫的死因归为政治的失败，还有小部分人认为是因为没有得到诺贝尔文学奖，但事实上他选择切腹自杀这种极端的死亡方式在童年时期就已经有了苗头，在他未来的创作中他也在不断地为自己特殊的"落幕"进行排演。"放弃物质文明的堕落，找回古人淳朴坚忍的美德与精神，成为真的勇士！"这句话是1970年三岛由纪夫为动员800名自卫队队员所说的，虽然最后他的努力换来的是嘲笑和嘘声。但从这句话我们就能看出，他所推崇的不是法西斯军事政变本身，而是推动政变的那些青年们"奔腾的灵魂""爆发的正义感"。

"向死而生""死就是文化"在这里得到了很好的体现，他的死亡是尼采式的"对生命力的无穷无尽、无比欢乐的喜悦"。童年时期的压抑生活，童话书里的唯美哀伤、西方文化的先进颓唐、本土文化的幽玄物哀、佛儒思想的神秘超然，在这个敏感的少年身上得到了最大的融合和激化，于是极端的自我毁灭也应运而生。1970年那场失败的寻回武士精神演说，只进行了10分钟，便以切腹了结，也了结了自己的一生。这个日本最残酷的自杀方式，既是他对日本武士道精神的极致追求——"武士道，乃是求取死若归途之道"，也是他对自己这矛盾的一生的最后诠释。

有一句话说"有一种病就是你会得的，你逃都逃不掉，因为它写在你的遗传基因里"。而心理学中称之为"有一种命运从一开始便已注定，因为原生家庭是每一个人的宿命"。

纵观三岛由纪夫的一生，我们可以清晰地看到，他本应是张开理想和希冀的翅膀，像一只文学王国里展翅高飞的山鹰，翱翔在艺术的殿堂里。可惜，他的翅膀被与生俱来的家庭的煎熬和躁动束缚住了，使得他的内心充满了矛盾，性格里隐忍的一面和残暴的一面也就在他的身体里不断碰撞，所以他不满、忧郁、痛苦、反叛、激进。如果把三岛由纪夫的殉道思想比作一幅灿烂而又黑白分明的巨型拼图，那每一块拼图上既画满了他辉煌的创造，又堆满了他惊人的破碎。

　　原生家庭是每个人出生后最早，也是最多接触的环境，是一个人性格最初形成时所处的最主要的环境，很多人的一生就是其原生家庭的缩影。在三岛由纪夫的原生家庭，祖母永井夏既扮演了母亲的角色，又揽下了父亲的工作，可惜的是贪多嚼不烂，最后她哪一个都没有做好。三岛由纪夫既和大多数缺乏父爱的孩子一样，柔弱、抑郁；又和大多数缺乏母爱的孩子一样，没有安全感。即便是后来母亲将抚养权抢了回来，自己照顾三岛由纪夫，也并没有在性格上对其有根本的改变。"也许是天生懦弱的关系，我对所有的喜悦都掺杂着不详的预感"，因此当他习惯了被不停地伤害，不停地束缚，以至于长大成人后他仍习惯处于"被伤害"的一方，他承认伤害，也践行着伤害，这其中既包括自己对自己的伤害，也包括世界对他的"伤害"，原生家庭在他行为上打下的烙印至死不休。

7. 浪漫的精神分裂症患者——设计师亚历山大·麦昆

　　他曾是英国时尚圈著名的的"坏小子"，被称作"英国时尚界流氓"；他让爱他的人爱到痴狂，也让不喜欢他的人视为妖异；他影响着我们的生活，超低牛仔裤、骷髅头巾，都出自他的设计。他就是时尚圈的鬼才亚历山大·麦昆。

　　1969年，亚历山大·麦昆出生于伦敦南部刘易舍姆区的平民家庭，他的父亲罗恩是一名普通的伦敦出租车司机。他是家里六个孩子中排行最小的一个。

　　麦昆的母亲乔伊斯，做过教师、开过花店，还是一名业余族谱学家。她对历史和身份的痴迷影响了麦昆，他后期的很多作品灵感就来源于此。

　　她对麦昆的支持是无条件的，鼓励麦昆按照自己的想法走自己的路。

　　麦昆出生那年，他的父亲罗恩曾经被送进疯人院。身为卡车司机的罗恩因为家里有六个孩子需要照顾，每天超长时间的工作让他精神崩溃。出院后，他成了出租车司机。罗恩对孩子们的希望是有稳定而可靠的工作，比如：水暖工、电工、泥瓦匠或出租车司机。而事实是，除了麦昆以外，他其他的兄弟姐妹都满足了父亲的期望。父亲用暴力控制着孩子们，一旦发现他们做"白日梦"，就会把他们拉回到现实中来。

　　麦昆能从这样的家庭里走出来，要归功于母亲的"溺爱"。在这个家庭里，母亲是麦昆的保护者，她立了"不责骂政策"，在家里不允许有人骂自己的小儿子，他确实从来没被骂过。她接纳麦昆的出柜，对他说："想做什么就去做吧。"他们之间的关系很特殊，是一种非常亲密的依赖。正因为母亲支持他，使他得以在十几岁参加各种兴趣班时就毫不掩饰自己的性取向，穿草裙参加演出。

麦昆从3岁起就表现出对服饰巨大的热情。他在卧室的墙壁上画画，那是一幅服装设计图，一个穿长裙的女孩的样子。从此，他帮助三个姐妹制作衣服，并有了自己的人生追求，做一名服装设计师。他最得意的一件衣服是灰姑娘式的礼服，还带着裙撑。

他很小就对服装搭配有自己的品味坚持，一次妈妈要带他去公园，给他穿了一条长裤和一件带帽厚夹克。他对妈妈说："我不能穿成这样出去，这样穿不搭配。"

有时，他会穿姐姐的衣服，但人们看不出来，因为他用穿男装的方式穿。12岁时，他穿着姐姐的胸罩在街区溜达，邻居都觉得他是个怪胎。这一切都让他的父亲极为愤怒。

除了画画和缝制裙子，他的爱好还有鸟类和游泳。他加入"青年鸟类学者俱乐部"，常常去公寓楼顶观鸟，沉迷于鸟类高空翱翔和捕食时的美感与自由。鸟类飞行时的剪影为他后来的设计带来灵感。

他不喜欢上课，只喜欢一门艺术课。他几乎整天都在画裙子，他画服装、画人体，极为了解女性身体的特征。

16岁，他辍学跑去安德森与谢泼德裁缝服装店成为一名学徒。后来他又加入了萨维尔街1号的吉布斯和霍克斯，学习制作裤子。在那，他练就了一手精湛的裁剪技术。

20岁，麦昆为日本时装设计师立野浩二工作。立野浩二对于面料的挑剔、对于织物的热爱，以及在秀场上营造出的戏剧感，都深深地影响了麦昆。

23岁，麦昆在圣·马丁艺术设计学院研读时装设计硕士课程。在18

个月的课程结束之时，他拥有了第一次个人时装发布会。

麦昆成长的环境充斥着黑暗与暴力。十几岁时他曾在叔叔的酒馆里帮工，经常遇到流氓聚众打架，眼看着有人把酒瓶子打碎，碎玻璃划破对方的喉管，鲜血迸射出来。而这种伤人方式只是众多暴力中的一种，它甚至有专门的名词，叫"glassing"。

暴力不仅遍布他生活的街区，也充斥在他的家中。当他还是个弱小男孩的时候，他多次目睹姐姐被暴打强奸，而他自己也被同一个男人特伦斯性侵过。对此经历麦昆讳莫如深，只和最亲密的人倾诉过，每次倾诉都痛哭到无法自持。这种凌辱和伤害在他的灵魂深处埋下了邪恶的种子，肆意生长，漫无天日，啃噬着他的情感、意志和全部。

他的家庭模式让他选择了受虐的姐姐，女性这一边，而没有选择施虐的男性，因为女性这一边在道德上是没有错误的。因此，他生理上是男性，心理上却是一位女性，他热爱时装也是因为这一点。

儿时痛苦的经历，让他无法正常表达自己，把眼泪和愤怒生生咽下，把积压的情绪强硬压下去，等待某一天爆发。当他遇到服装设计时，他把所有的愤怒缝进了自己设计的衣服里。

麦昆毕业作品的主题是"开膛手杰克跟踪他的受害者"。被开膛手杀死的妓女也许都穿着磨损的二手衣服，所以麦昆给印花裙子都加上了烧毁的痕迹，还在布料上糊上了一层杂志的纸浆，红色的油漆被随意洒在布料上，象征着血迹，收腰夹克衬里装饰着人发。这不是简单的后朋克，而是一种更有深度的艺术表达，它在表达麦昆内心的情绪。

这次时装秀被称为"恐怖的时装秀"，他只得了倒数第二，合格毕业，并没有得到任何特殊荣誉。模特身上缠着湿乎乎的保鲜膜，胸前血腥、溃烂的装饰，让人想象到透过薄上衣看到被割去的胸部。这种女性形象让媒体感到不安，舆论一片哗然，人们甚至认为他有厌女症。

然而他们不知道，整场秀都是麦昆苦闷又愤怒的内心呐喊，为着姐姐一次次被丈夫暴打，为着那个在旁边充满内疚感又不敢反抗，而同样要被性虐的无助男孩儿。T台上那些被跟踪的女人们就是他自己，穿着裸露的衣服，伤痕累累，在狂野的黑夜靠毒品的刺激来逃避日复一日地狱般的生活。

麦昆所做的是撕裂虚伪，将残忍的真相立在人们面前，这是他所理解的尊重。他曾在一次采访中说道："如果你看到一个女人穿着麦昆品牌的服装，衣服所特有的冷酷气质会使她看起来很强势，有些拒人于千里之外的感觉。和穿着我设计的服装的女人说话你必须得很有胆量才行。"

时尚界有种说法：香奈儿给了女人优雅，伊夫圣·罗兰带给女人力量，而麦昆给了女人一身盔甲。他希望他的衣服可以使女性感到强壮和力量，不是任凭欺凌，而要好好做自己。

这次毕业时装发布会是麦昆人生的转折点，他遇见了生命中的贵人——伊莎贝拉·布罗。在她的支持下，亚历山大·麦昆开创了以自己的名字命名的品牌，从此走上了国际时装舞台。

27岁，麦昆为法国著名的"纪梵希"设计成衣系列。28岁，他取代约翰·加利亚诺担任纪梵希这一法国顶尖品牌的首席设计师。

从此，纪梵希多了一种前所未有的新鲜活力，他赋予女性一种时代的反叛和敢于挑战一切的强大气场。他重新定位了女人该如何穿衣，如何用衣着打扮来武装自己，更有力量，更让人敬畏，那是真正的性感。

1997年，28岁的麦昆回到伦敦创建自己的品牌"亚历山大·麦昆"。他将首秀定名为"丛林之外"，灵感来源于一档动物世界纪录片。"我看着这些羚羊在狮子和土狼的爪下，被残忍地撕咬着，我突然发现，那就是我。一直以来我都在拼命奔跑，躲避着背后的追捕，如果它们抓住了我，就会把我吃掉。时尚圈就像自然界中的原始森林，充满了凶残的猛兽。"

他被要求每年举行六场秀，两场不同季节的男装秀，两场女装秀，外加两次秀前预览。在时尚圈巨大的压力下，他开始滥用可卡因，并深受抑郁症的折磨。他总是在情绪的最高峰和最低谷之间迅速游移，一场秀结束，体力脑力的极大透支后，是巨大的虚空感，这进一步加重了他的抑郁。

麦昆曾说："一个英雄艺术家，把自己的每一个碎片燃烧成灰烬，最后用一场盛大的死亡落幕。"这似乎是对自己的预言。2010年2月11日，麦昆在伦敦住所衣橱间上吊自杀，时年41岁。

吊诡的是，2月12日正是他母亲乔伊斯的葬礼。他终究还是不想送母亲走，而是随她去了。

母亲乔伊斯是他最亲密的人，还是他的避难所，他称母亲为他的"石头"。在浮华混乱的时尚圈，母亲是他的知音和精神支柱，每一场秀，她总是微笑着坐在第一排。麦昆最爱跑回母亲家中，跟她共度下午茶时光；他曾被英女王授勋，也只是为着能博母亲一笑。

在2004年的一次联合采访中，他的母亲问他："你最恐惧的事是什么？"他回答说："比你先死。"母亲回答说："谢谢你，儿子。"

也许，真实的答案是，"你比我先死，这是我最大的恐惧。"乔伊斯去世后，他的每一条推特都表达了对母亲死的痛苦之情和难以接受。先是"很想念妈妈"，后来是"可怕的一周"，最后是"谁来帮助我，结束这一切"。母亲死后的每一天都是煎熬。

他曾说，妈妈对他很是溺爱。他们的关系确实亲密而复杂，互相依赖。从采访中母亲的回答，可以看出她很享受来自儿子的爱。麦昆的原生家庭中父亲是缺位的，他从麦昆刚出生起就因为精神问题而无法尽到父亲的责任，即使好转以后也要因为照顾六个孩子拼命工作而无暇照顾麦昆。对于麦昆来讲，母亲是他的一切。而对一个母亲来讲，如果婚姻中缺乏情感的亲密，母亲很可能会利用儿子来取代父亲，满足自己情绪上的要求。

在孩子3~6岁时，正是他们的俄狄浦斯期，性别意识逐渐形成。如果妈妈与儿子的关系过于亲密，就迎合了儿子的恋母倾向，让他觉得自己比父亲更棒，这会导致孩子的性别错乱。要"忠诚"于母亲的儿子，往往会为自己对除了母亲以外其他异性的关注感到内疚，其中有一些为了消除内在的矛盾和痛苦，会变成同性恋，如此就可以实现对母亲一直"忠诚"下去。

表面上，溺爱有伟大的味道，因为从现象上看，那是通过父母牺牲自己来满足孩子的需要的；但实际上，溺爱源自于父母的自恋，溺爱的父母无视孩子真实的成长需要，而是将孩子当作自己的另一个"我"，给予过度满足。无限制给予孩子，其实是在无限制给予自己；真正的牺牲者是孩子。

这就是为什么6岁时麦昆发现自己是同性恋，家人都反对的时候，唯独母亲最快接受了他，而且支持他喜欢男生；而他确定自己是同性恋的6岁，正好是俄狄浦斯期结束的时候。麦昆用自己的死表达对妈妈的挚爱。看起来是麦昆的决定，实际上则是母亲的决定，是她的心理需要；这份向死的挚爱，是她一手培育的结果。

在自杀的10天前，麦昆写下这样的句子："从天堂到地狱，再折返，生活真是个玩笑，美来自最诡异，甚至是最恶心的地方。"丑陋的、腐朽的、死亡的这一类物质一直是麦昆所迷恋的，他认为最美的东西隐藏在这些黑暗力量里。也许真的是他和死亡调情调得久了，就被死亡唤去了。

他的每次主题时装秀都蕴含着黑暗的力量。前文提到的毕业秀；

1994春夏的"虚无";1994秋冬的"报丧女妖"是爱尔兰神话里代表死亡的女神;1995春夏的"群鸟"是希区柯克同名电影,公路上压死的动物;1995秋冬的"高地强奸"来自英格兰对苏格兰的种族清洗;1996春夏的"千年血后"是两部电影,其中一部是吸血鬼的故事;1996秋冬的"但丁"取材自但丁《神曲》里的地狱篇;1997春夏的摄影师汉斯·贝尔默的肢解娃娃照片。无一例外地和暴力、死亡、强奸有关。

他好像一个从地狱里寻找灵感的人。他设计的最经典的作品莫过于骷髅头巾,充满诡异与死亡气息的骷髅密布在女性特质的饰品上。到目前为止被收藏的最令人震惊的麦昆作品,是一个塑料模制紧身胸衣,其中存在活的蠕虫,被挤压在模特的胸部和胃部。

来自原生家庭和生长环境的黑暗力量成就了麦昆,却也将他带入了万劫不复之境。"死亡",这个在头脑中意淫了无数次的假设,终于如约而至了。

在麦昆去世的六年前,一位观察员这么说:"麦昆与任何人心目中的那个他都截然不同,他本身就是一件自己孕育出的伤痕艺术品。"

精美的布料、优雅裁剪的服装中,包裹着那个哭泣反叛的孩子,忍受着被虐待的痛苦,无法对人倾诉,也无法在心灵深处找一个可以尽情大哭的地方。没有人知道他经历着怎样的失眠和噩梦,怎样的人格分裂。羞耻感使他几近凋零,在深沉漫长的悲哀中日复一日。他的生命像他迷恋的鸟类那样,叛逆、执着、空灵、短暂。

美丽与恐惧、生与死、光明与黑暗,就是他穷尽一生营造的梦境。他称自己为"浪漫的精神分裂症患者"。

第二章

密不透风的爱等于过度阻碍

1. 富养而长不大的孩子——陆小曼输在哪里

陆小曼，她的风华绝代曾让无数人倾倒。

胡适说她是一道不可不看的风景，郁达夫说她是曾震动20世纪20年代中国文艺界的普罗米修斯。这样一位女子，有着华丽的前半生，又因着与徐志摩的婚姻和突然离世成了众矢之的，后半生孤独凄惨，无儿无女。人们为其扼腕叹息的同时，不禁思考，一代才女陆小曼究竟输在哪里。

陆小曼放在今天就是我们所说的白富美。她出身极为显赫，父亲是晚清举人，毕业于名校早稻田，留学期间参加了孙中山先生的同盟会，后在民国中央财政部供职，历任司长、参事等，是中华储蓄银行的创办人。陆小曼的母亲是名门闺秀，多才多艺，擅长工笔画，古文功底深厚。陆小曼7岁进北京女子师范大学附属小学，15岁转入北京圣心学堂读书。这是法国人开办的贵族学校，只有北京军政界要员的公子千金才进得去。陆小曼冰雪聪明，很快就精通几国语言，琴棋书画样样精通。十多岁的小曼，曾被外交部邀请接待外宾，担任口译，她不仅表达能力强，而且随机应变，颇有智慧，18岁已成为社交界一颗瞩目的新星。

陆小曼是家里的独生女，集父母万般宠爱于一身，母亲偶尔还会对她有所约束，父亲则把她视为掌上明珠，几乎对她有求必应。她在父母营造的安稳环境里，习惯了没有压力，不用操劳的日子，可以什么都不做，什么都不想。她享受这种安逸。

但这种家庭教育，养成了陆小曼骄纵任性的性格，虽有才气但不思进取，做事往往半途而废，没有毅力。父母的溺爱，使得她没有独立思考的能力，成年后遇事容易冲动，又缺乏主见，没有任何的独立生活能力。

陆小曼所受到的教育是那个时代典型的"淑女名媛式教育"。当时的上流社会非常流行"名媛"养成，对于一个家族来讲，名媛可以在社交场施展交际才华，扩充社会关系，为家族提供更强大的社会影响力。民国一代名媛，如唐瑛、章含之、王映霞等，大部分都是从小就接受名媛式教育，按照名媛标准身体力行的。一个家族出一个风华绝代的名媛，是当时最大的荣耀，但这种名媛教育，却和西方贵族的名媛教育有本质区别，带着强烈的功利目的，带着虚荣的意味。

陆小曼也曾经是聪明伶俐、反应敏捷的小曼，也曾经是敢说敢做、俏皮可爱的小曼。有一次，在参加聚会时，几个外国人闲得没事，拿中国孩子当消遣，把孩子们手里的气球用烟头烫破，气球的爆炸声吓得孩子哇哇大哭，他们却嘲笑说："中国孩子就是胆小。"陆小曼看到立刻冲进外国孩子堆里，以眼还眼，以牙还牙，外国孩子们因为气球破了也哭得稀里哗啦，陆小曼曼妙又坚定地说："洋娃娃的胆子也不过如此。"在外交部供职那一段时间，凭着聪明才智陆小曼一下子吸引了众多的关注，在社交场上，她就是一个宠儿。

她一生的分水岭正是父母一手为她安排的婚姻，这也是她人生悲剧的开始。陆小曼嫁给了王庚，这个她父母看好的女婿年轻有为，短时间内就连连升级，工作起来更是不要命。陆小曼和只顾着工作的王庚生活在一起，难免觉得苦闷。就她的性格来讲，需要更多的激情、体验和新鲜感，而这段婚姻并没有让她感到幸福，感受到的只有束缚。对于自由烂漫惯了的她，婚姻似乎来得太突然，或者说根本毫无准备，而最大的问题是，她对丈夫没有爱，痛苦藏在心中，不敢与人说。

这时，她遇见了徐志摩，仿佛一道光照亮她的阴郁，让她看到了希望。两个人的恋爱，正像郁达夫回忆中所说的："志摩和小曼的一段浓情，若在进步的社会里，有理解的社会里，这一种事情，岂不是千古的美谈？忠厚柔艳如小曼，热烈诚挚若志摩，遇合在一道，自然要发放火花，烧成一片了，哪里还管得到纲常伦教？更哪里还顾得到宗法家风？当这事情正在北京的交际社会里成话柄的时候，自己就佩服志摩的纯真和小曼的勇敢，到了无以复加。"

吕小曼对徐志摩说："摩！第一个人能从一切的假言假笑中看透我的真心，认识我的苦痛，叫我怎能不从此收起以往的假而真正给你一片真呢！"她不顾一切奔向徐志摩，不顾家人反对主动提出离婚，期间怀孕了也自己做决定拿掉了孩子。她和徐志摩的结合震动了当时社会，但结婚以后，现实问题的到来，让她认识到，一切并非她想的那样就此可以永久的幸福下去了。

徐志摩出身名门望族，他本该过着衣食无忧的生活，但因为闹离婚的事，家里拒绝再给他任何经济上的支持。他只得东奔西跑，教学生、写作、编辑，用一切能想到的办法维生，勉强能应付陆小曼骄奢惯了的大小姐生活。看到丈夫如此劳心劳力，妻子本该有些改变，一起经营家庭，但陆小曼毫无此意，她认为男人给女人赚钱是天经地义，想买什么就买什么，从不节制。他们为了金钱的问题产生严重的分歧。

徐志摩希望陆小曼可以改变浮华的生活方式，追求进步。他期待好文笔的陆小曼可以写作，耐心地引导她在诗歌方面的兴趣，鼓励她记日记，锻炼文笔。他多次和陆小曼商议一同去欧洲留学，都被她拒绝了，她舍弃不掉在上海的交际生活；享乐派的陆小曼每日就是吃喝玩乐，看戏会朋友，偶尔写文章，也是被逼得不行了，勉强写两篇，逼急了就以各种身体不适为由混过去。

在陆小曼的观念里，女人的要紧大事是找到一个可以托付终身的男人，之后就不用再努力了，全依靠男人就可以。这是她受到的家庭教育，是她根深蒂固的认识。丈夫徐志摩娶了她自然成为她的经济依靠，而她拒绝在婚姻里成长，像个被惯坏的孩子，任性地生活，挥霍无度，纸醉金迷。徐志摩一颗火热的心渐渐冷却，他开始思念初恋林徽因，在北平教书的那些日子里，他经常与林徽因交谈，诉说心中苦闷。陆小曼虽然吃醋，但还是固执地不肯去北平陪伴他，徐志摩只好搭乘免费的空运飞机，在两城之间往返。

1931年11月19日，因遭遇空难，徐志摩永远地离开了，结束了剪不断理还乱的感情，留下了他的诗作，他的才情。他从一次无爱的婚姻，逃到另一个有爱却让他更身心俱疲的婚姻，渐渐沉沦到无法挽回。他和陆小曼的婚姻，是注定的悲剧。即使飞机没有失事，就凭陆小曼的性格也难以与徐志摩走到最后。徐志摩需要一个懂他的女人，可以和他谈诗，可以和他比翼双飞，一同迈向人生更高的境界，可陆小曼，她只是一个需要呵护，处处让他操心的小妹妹，她始终拒绝长大。

在原生家庭里，陆小曼没有学会为自己的人生负责，父母的溺爱使她产生了依赖心，只懂索取不懂付出，不懂为爱而改变自己；她认为你爱我就要为我的人生负责，为我付出一切，因为我把人生交给你。一个孩子，是不会懂得负责任的，她总认为别人该为自己的人生买单。男人们趋之若鹜地供应她一切所需，她不费力气就可以过她想过的生活，自然越来越懈怠懒惰，不愿努力了。被宠坏还不是最糟的，最糟的是她不觉得自己这样有任何问题，她被宠得理直气壮，肆无忌惮享用别人的付出，而对这一切，她多半没有珍惜，也不懂珍惜。她一直生活在蜜罐里，没尝过苦味，也不知道甜有多美，感恩这个词似乎不存在于她的字典里。

她的一生总是要依附于人，先是父母，再是丈夫，后是情人。陆小曼是按照"富养女儿"的标准培养出的民国闺秀，在她的世界里，她只需要把自己"打扮"成取悦于男人的交际花形象，无法实现人格的独立。她的享乐主义也是她悲剧的源头，她贪恋世间的浮华，物质的欢愉。她打小体质差，三天两头生病，一受到刺激就晕厥，也许这也是她"人生苦短，不如及时行乐"念头的由来，而"富养"的家庭环境又纵容了这种想法的蔓延。

她对世俗是鄙夷的，觉得那些和自己无关。她怎么会为了生计在世俗中谋一份职业呢！其实她不是分不清生活和梦想，而是她一直活在幻想中的世界里，沉醉在自己的小情小调中。她的人生没有目标，不注重结果，不追求成就感，对艺术也没有更高的追求。她只活在爱情里，没有爱情，她会窒息；人生对她来讲只是一种体验，她总是依靠好奇心生活、折腾、及时行乐。

原生家庭的溺爱，使陆小曼成为一个只会快乐的人。她做事的动机只有一个，为着快乐。她只要快乐，逃避和自动屏蔽一切和快乐无关的事，但是现实是残酷的，痛苦不会自动消失，逃避得越多痛苦就来得越凶猛，总有一天会将人全部吞噬。

徐志摩飞机失事后，航空公司主任亲自给陆小曼报噩耗，但她不能相信这是真的，把报噩耗的人挡在门外。不得已，航空公司主任只能去找徐志摩的前妻张幼仪，那时徐志摩的父亲和儿子与张幼仪一同生活。张幼仪遇事冷静，派13岁的儿子和自己的八弟去山东认领尸体，体面地为徐志摩料理了后事。

陆小曼逃避现实，但逃避没有用，不面对、不接受、不处理，只会让事情朝着更加不利的方向发展。陆小曼成了众矢之的，许多朋友如胡适、林徽因、金岳霖等不肯原谅她，认为她的铺张是害死徐志摩的凶手，纷纷与她绝交。

徐志摩去世以后，小曼"整顿衣裳起敛容"，力求按志摩心意再铸自我。她戒烟、画画，做了所能做的全部，但从此又走到了另一个极端里，把自己锁在过去。她只关心徐志摩文集的出版，一遍遍跑出版社，希望又失望，一直没有放弃。她依旧没有足够的心理能量来面对现在的苦痛，她选择逃避，沉浸在过去的悲伤或甜蜜里来逃避现实，用一个痛苦来逃避另一个痛苦。

即便陆小曼出身名门望族，即便她才华横溢、外貌俏丽，握了一手令无数女人艳羡的"好牌"，却仍旧输得一塌糊涂。

王映霞回忆说："小曼把自己糟蹋得厉害，牙齿全部脱落，没有镶过一只，已经成为一个骨瘦如柴的小老太婆了。"而那时的她不过才40岁。

1965年4月3日，63岁的陆小曼逝世于上海华东医院。唯一的遗愿是和徐志摩合葬，这个要求被徐志摩与张幼仪唯一的儿子徐积锴拒绝了。她无儿无女，墓碑是堂侄、侄女在1988年为她立的，简单得有点简陋。

陆小曼一手好牌，终究是输了。

与林徽因比，她输了。

林徽因，在精神上是富足的，在觉悟上是清醒的，知道自己需要什么，适合什么，在生活中是主动的；是她去选择自己的人生，而不是被生活牵着走。最好的年纪，她遇见徐志摩，爱过痛过，摇摆过不舍过，最终拒绝了他的爱，选择了志同道合的梁思成。她热爱建筑事业，梁思成是她在事业上的同伴，也是她生活中的知己，历史记录了他们共同的成就。

相比较而言，陆小曼的精神世界一片荒芜，她不知道什么是真正有意义的，也不知道自己需要什么，虚无的快乐无法让她的内心真正满足，这个世界没有她的位置，因为她把自己定义为男人的附庸。

与同时代与自己齐名的名媛唐瑛比，她输了。

唐瑛认清自己的名媛路，对感情有过多苛求；她不浮躁、不傲慢，带着美女难得的理性与睿智，脚踏实地地美了一辈子，可以最终笑到最后。而陆小曼的后半生，却只能孤独吞咽着自己酿造的苦酒。

与徐志摩的前妻张幼仪比，她还是输了。

张幼仪像一枝寒梅，冰冷和严寒反倒使她展现出绮丽、光彩的一面；她因坚强而独立，因独立而可爱，最终成了人生赢家，获得了事业、名誉、家庭，以及后人对她的钦佩与敬重。

而在美貌和才华上远远超出张幼仪的陆小曼，却白白浪费自己的天资聪颖，没有找到这一世的使命与热爱，因为懒散的性格，耽误了大好时光。

陆小曼的悲哀，究其根源是来自原生家庭的狭隘的"富养"，这种富养造就了陆小曼的"挥霍"，挥霍着钱财和容貌，挥霍了才情与爱情，更挥霍了自己那独一无二的青春与一生。

所以，那些心心念念要富养女儿的父母们，一定要弄清楚狭隘的富养与真正的富养之间的区别。

狭隘的富养，只会害了孩子；而真正的富养，是精神的富足，思想的独立：见得了富贵，守得了清贫，能够受得了"养"，也能挣得了自己的生活。

真正的富养，奠定了孩子一生的安全感和自信心。无论遇到高山低谷，无论月圆月缺，无论欢笑还是哭泣，这样的孩子都能献上感恩，都能保守自己的一颗初心，稳行在高处。

真正的富养，会养成独立的人格，会有自己崇高的追求，不会随着外界和潮流轻易改变，也不会过度追求那虚浮飘渺的繁华，而是能读懂淡淡的生活后面厚厚的幸福。

真正的富养，是让孩子有一颗强大的内心，这颗心懂得孰是孰非，懂得人情世故，懂得感恩，懂得良善，懂得爱别人，更懂得爱自己、尊重自己。

2. 跌进母爱那张温暖的网里——孝子胡适

胡适，生于1891年，是获 35 个名誉博士学位的中国大学者，"五四"新文化运动的主将之一。他风度翩翩、温文尔雅，在"五四"时期的知识分子中无人不晓，被当时青年学生奉为偶像。

他是在中国倡导科学、民主和自由的第一人，从青年时代就推崇西方文化。这样新锐思想下的胡适，在婚恋问题上，却让人不可理解。他遇见过真爱，还不只一次，但最终还是和一个不读书认字缠着小脚的女人过了一生。

李敖说："别看他笑得那么好，我总觉得胡适之是一个寂寞的人。"

胡适的父亲胡传，字铁花，生于1841年，24岁中秀才，后曾在东北、广东乃至台湾省任官职。胡传的第一任妻子冯氏死于战乱，没留子嗣，第二任妻子曹氏生有3子4女，也死于战乱。48岁的胡传回乡探亲希望能找位健康的农村姑娘为填房，但乡亲们都知道他是"克妻"命，都不愿意让女儿去送死。但他运气不错，一日在街上看到17岁的冯顺弟，她面貌不美，圆圆的脸，有一点雀斑，头发长得拖到地上；这已经让胡传十分满意了，就托人找到冯的父亲冯金堂。冯家非常穷，冯顺弟有姐弟3人，她是长女；为了改变家境，她愿意拿生命赌一把，就答应了嫁给比她大30岁的胡传。

胡适3岁前在台湾生活，那是他一生中唯一有父亲母亲共同陪伴的日子。别的孩子可能才会有些流利地说话时，他已经被父母要求认字，并能认1000余字了。因为台湾被日本入侵，年幼的胡适跟着母亲到老家避难，不久传来噩耗，父亲在厦门因突发疾病去世，从此胡适只有和母亲相依为命。成为寡妇的冯顺弟带着丈夫的期望，一心要把儿子培养成才。她谨记丈夫生前所令，让儿子好好读书。3岁的小胡适被送到私塾读书，上上下下都要有人抱着坐上高脚凳，胡适也是乖顺，能坐得住板凳，从小对读书就有浓厚的兴趣。

在别的孩子都在屋外漫山遍野疯跑嬉戏时，胡适的童年，却充满了眼泪和辛酸。母亲教育的方式非常严厉，一旦母亲认为胡适犯了大错，就等别人都睡了，关上屋门对他严厉惩罚，责备之后必然是罚跪或者拧大腿肉，胡适跪在地上一声不吭，眼泪默默流着，因为被要求无论怎样受罚都不可以出声。

胡适懂事，明白母亲的良苦用心，他从不反抗，和母亲一起流泪，承受着母亲特别方式下的爱。那爱里面有着特别沉重的东西，有种要争口气的责任，他不能让母亲失望。孤儿寡母的苦痛，让他迅速成长，天性的敏感让他在思考方式上与同龄人拉开距离。他肩负着使命，只有靠读书出人头地，才能报答母亲。他注定是孤独的。

胡适和母亲相依为命了十年，直到13岁胡适离开母亲赴上海求学。

19岁时，胡适考取庚子赔款官费赴美留学，在美留学7年，他与母亲只能保持书信来往。

27岁那年，胡适被北京大学校长蔡元培聘为教授，同年12月，在母命下，他回老家与江冬秀完婚。一直主张新式婚姻的胡适，坚决抵制陋习、推进新思想的胡适，在母亲的要求下，终于违心做了一个和思想极为不符的决定，守护了母亲的心，但牺牲了自己的一生幸福。

他一生中唯一的妻子，江冬秀，是一个典型的乡下小脚女人。胡、江两家原都是名门大户，相距只有几十里地，江冬秀是安徽旌德县江村人，江冬秀的外祖父曾位至翰林，曾外祖父中过探花。胡适的母亲非常满意这门婚事。在正式过门前，胡适不在家时，江冬秀常常来胡家，帮助胡母操持家务，深得胡母喜欢。

从某种意义上来说，江冬秀连接了母子的感情，母亲因为她，满足了自己对儿子爱的需要；胡适因为她，尽了做母亲的孝顺儿子的需要，回应了母亲的爱。只要有她在，胡适就不会因为婚姻而与母亲分开，就完成了在感情上的永远相连。

在正式举行婚礼之前，胡适是踌躇、逃避的心态。胡母着急儿子成婚的大事，但胡适从心里不愿意，又不能反抗母亲，先后借脚气病、去美国留学等原因又拖延了好几年。

在美国的日子，无论西方世界多么开放，他都觉得孤独。在一首题名《蝴蝶》小诗中，他表达了这种深深的失落感："两个黄蝴蝶，双双飞上天。不知为什么，一个忽飞还。剩下那一个，孤单怪可怜。也无心上天，天上太孤单。"

那时候，胡适刚到美国，思想上还不成熟，还曾经批评西方的自由恋爱，赞扬中国的包办式婚姻，说包办式婚姻，能尊重女子的人格，用不着出入社交场合去求偶，人格就有了保障；反之，西方姑娘为取悦男子，从小学习音乐舞蹈，长大后周旋于男性之间，人格也随之堕落了。真的很难说，这是不是母亲在婚姻上给他的压力所导致的。

对待未婚妻江冬秀，胡适是矛盾的。他一方面厌恶、拒绝，一方面又给她写信，不仅写信，还期盼着她能回信。她大字不识，自己写不出来，这种信又无法让人代写，所以让胡适等了很久。一次，胡适身体不适，躺在床上，备受凄冷之苦，忽然邮差送来江冬秀写的信，信"不满八行字，全无要紧话"，却把胡适感动得险些晕倒。他为着自己的感情奇怪不解，扪心自问，两个彼此完全不了解的人，为什么总想念她？

后来胡适终于明白，在他心里，江冬秀和母亲是连在一起的，他是抱着对母亲的思念和爱来与她相处的。想她，实际上是想念母亲。

举行婚礼那天，冯顺弟激动得说不上话来，只喜得眼里淌泪。胡适的这场婚姻本来就是按母意而为之，现在生米既成熟饭，他也只能继续"力求迁就，以博吾母欢心"。婚后，他继续用和江冬秀的种种"闺房之爱"，来"欲令吾母欢喜"，而母亲强勉下的婚姻换来了胡适尽善尽孝的好名声。

后来胡适有了自己的儿子，他曾说："我要你做一个堂堂的人，不要你做我的孝顺儿子。"这是他心底的声音，希望儿子不再蹈自己的婚姻悲剧。

1918年11月23日胡适母亲病逝。之后，江冬秀离开乡村，到胡适身边和他一起生活。她并不像一般的乡村女子那样羞怯、胆小，她非常果敢、有气势，具有一种泼辣的办事能力，是一个十分强势的女人。很多方面，她都极像胡适的母亲冯顺弟。

江冬秀的聪明之处就在于抓住了胡适的软弱——胡适爱名誉，重视面子，好为人师，总想保持在公众眼里的形象。江冬秀以此来要挟胡适，屡试不爽。妻子强硬的性格让他感到痛苦，无法进行精神沟通让他倍感孤独。

江冬秀一生酷爱麻将，那甚至成为她的"事业"。她经常与一些阔太太玩得昏天暗地，对于胡适的书她是非常讨厌的。

在美国的日子，胡适和江冬秀住在简陋的公寓，没有佣人，凡事都要自己动手。江冬秀语言不通，除了看武侠小说，就是聚集来附近的一群太太，在一起打麻将消磨时间。打起麻将没日没夜，甚至吃饭都在麻将桌上，简直"争分夺秒"。胡适要买菜做饭，还要在各样琐事上操劳，因为家里每天都有人在打麻将，连读书的地方都没有，耽误了他的学术研究。

1958年4月6日，胡适一个人回国，去台北任"中央研究院"院长，江冬秀没有跟着回来，因为美国的麻友更吸引她。已近70岁的胡适孤身一人，没有人照顾，很是可怜。之后江冬秀花光了积蓄才回来，但还是打麻将，也没有尽到做妻子的责任。而面对暴脾气的妻子，胡适一辈子忍耐，一辈子沉默。

1962年2月24日，胡适突然心脏病发作。胡适的司机到处找不到江冬秀，最后还是在麻将桌前找到了她。面对死去的胡适，她号啕大哭，这哭中多半带着悔意，为着胡适，也为着自己。

胡适这孤寂苦闷的一生，也曾经遇到过真爱，而且不只一次，但最后都擦肩而过，让人感到可惜。

在结婚前，胡适有一段跨国的恋情，美国恋人韦莲司，她出身高贵，是纽英伦一个世家的掌上明珠。那时，胡适刚到美国，接触了很多美国具有新思想的现代女性。而他感叹韦莲司是他所见女子中"真能具思想、识力、魄力、热诚于一身"的"唯一人"。

他们月下散步、尺牍情深，互相欣赏、深深爱慕。他们在思想上共通，谈论艺术、天下国家大事，有着很深的默契。

胡适与韦莲司一同参加的一次西方教堂婚礼，对他触动很大，他们借此讨论东西方家庭伦理的差异，胡适的思想在韦莲司启迪下，发生了重大改变。使他动摇了原有的爱情、婚姻、家庭的观念，改变了他对中国教育造就"贤妻良母"，"中国女子地位高于西方"的看法。

胡适不止一次和母亲提过韦莲司，请求母亲是否可以和江冬秀解除婚约；母亲的回应是此事没有任何余地，铁定的事实，不能再改了。胡适的母亲知道儿子的心不定，于是写信给韦莲司的母亲，说胡适已经有了妻子；韦莲司的母亲当然很生气，坚决反对女儿再与胡适交往，有情人终不能成为眷属。

后来，韦莲司终身未嫁。她把胡适送她的一百余封信视为神圣的纪念，珍藏了50年。胡适去世后第三年，她将信寄给了胡适的夫人江冬秀，50年来她始终未改对胡适的一往情深。

过了一些时日，胡适又认识了去美国留学的陈衡哲。她是少有的才女，也是北大当时为数不多的女教授之一，被人称为新文学运动第一女作家。胡适和陈衡哲迅速相爱，每个月要写10封信；他们非常亲密，无话不谈。后因胡适的软弱，因害怕母亲的失望而不能从婚约里走出来，让陈衡哲很受伤害，最终另嫁他人。

1923年已经结婚的胡适爱上了结婚时的伴娘，曹诚英，那是一段轰轰烈烈的婚外恋；爱情让他们不顾世俗的眼光在杭州同居，几乎人尽皆知。

1924年春天，胡适向妻子提出离婚，江冬秀勃然大怒，说："离婚可以，我先把两个孩子杀掉。"吓得胡适面如土色。从此再也没敢提过离婚。胡适一向软弱，很少有行动上的悖逆，即使有反抗也难以坚持。他提出离婚，却根本抵挡不住江冬秀的反击。

一次，他和曹诚英的信件不小心被江冬秀发现了，江冬秀气恼地向胡适脸上扔过去一把裁纸刀，若不是胡适躲闪及时，一只眼睛就瞎了。

胡适怕江冬秀把这事闹到公堂上去，他舍不下面子，不想因男女贪爱之事牺牲了社会殊荣。他只好让已经怀孕的曹诚英去堕胎，努力保送她去美国留学，结束了这段"恋爱"。

后来，曹诚英学成归来，颇有成就，在各个高校里任教。她在川大任教时，结识了曾某，两人情意相投，打算结婚。但不巧的是，曾某一位亲戚在上海，偶然与江冬秀相遇，打听曹诚英的事，江冬秀添油加醋，胡说八道。曾某得知后，在结婚前夕突然变卦，取消婚约；曹诚英受到沉重的打击，万念俱灰，差点遁入空门，此后终身未嫁。

与心爱的人都不能长厢厮守，却与无情人终成眷属，这是胡适最大的悲哀。

夏志清甚至用"悲剧"这两个字来形容，说江冬秀"没有现代医药常识，也不知如何管教子女，弄得爱女夭折，二儿子思杜从小身体虚弱，教不成器"。历来论胡适与江冬秀的婚姻的人，多半为胡适惋惜。

周国平也用相当重的话来形容胡适的婚姻，说他常"觉得胡适成婚那一刻的心情，与其说是洞房花烛的喜悦，不如说是烈士就义之前一种成仁的悲壮情怀"；他认为胡适对他的婚姻，是经过了一番自我说服的功夫，而达到了"近乎自我欺瞒的境界"。

婚姻带给胡适的痛苦，胡适的内心是明了的。他在"五四"时期，批判"饿死事小，失节事大"的传统观念的谬论，反对把孝顺作为一种信条，都是自己真实的心声。

他的一生，辜负了自己，辜负了美国姑娘韦莲司的一往情深，让她苦等半个世纪，终身未嫁；辜负了才女陈衡哲；更是辜负了曹诚英，为他堕胎、出国，甚至要遁入空门。

而这一切悲剧的源头，正是他的原生家庭，母亲对他畸形的爱。

母亲一手塑造了胡适软弱的性格，也塑造了一个爱她、孝顺她，为她牺牲一切的好儿子，是母亲葬送了他一生的幸福。

相依为命的生活，缺少丈夫的爱，母亲的整个世界里只有儿子。对她而言，儿子是她的一切，她的生活、她的支柱，甚至是代替了爱人的角色。这种爱变得自私和执着，她甚至不允许其他人从儿子那里夺走这种"爱"，因此，她要选择一个像她的而且儿子不爱的人与之结婚。这样，她就能拥有儿子全部的爱。

而对儿子胡适而言，他一生最大的问题就是强烈的自卑与恋母情结；让自己强大的办法就是社会情操、名誉和荣耀。学有建树、出人头地，赢得社会威望，使得他可以自信起来。

他爱母亲，唯命是从，不能拒绝。他在恋人和母亲之间，总是选择母亲，一切的行动都是为了满足母亲的需要。他最后要娶一个像母亲的女人，这就是江冬秀。而母亲和妻子的双重幸福，又满足了他的社会情操的需要，成为一个殉道者的自慰。

虽然他几次想要把母亲的爱转移到他所爱的人身上，寻求正常的爱，但要么是被母亲斩断拒绝了，要么是他自己的恋母情结发作导致他最终放弃了。

"我把心收起，像人家把门关了，叫爱情生生的饿死，也许不再和我为难了。"

他为了母亲，牺牲自己，牺牲爱情。

他跌进母爱那张温柔的网里，至死都没有爬出来。

3. 全知全能型父亲——亨利·福特的专断王国

提到亨利·福特，人们一定会想到他传奇的一生，从一名不文的穷小子到亿万富翁，他创造了福特帝国；他研发和销售的T型车，占据全球汽车市场50%以上，一共售出1500万辆，这个纪录直到20世纪80年代才被德国人的甲壳虫打破。在事业上他取得了非凡的成就，但作为父亲，他却失败得彻底。

1893年，未来的福特王国迎来了它的王子爱德塞·福特。由于在生产过程中助产师经验不足，导致爱德塞的母亲留下严重的后遗症，失去了她的生育能力，爱德塞成为了亨利唯一的儿子。

福特夫妇对这个孩子呵护备至，不让他受到一点儿伤害；除了汽车以外，几乎禁止他从事任何具有被他们看来"危险性"的活动。

亨利希望爱德塞成为他出色的接班人，在儿子很小的时候就专门为他设计制造了儿童型汽车，8岁的小爱德塞就已经是世界上最年轻的汽车司机了。10岁，他能轻松驾驶父亲最早制造的A型车。14岁他拥有了一辆属于自己的N型车，每天开着这辆车上学。在同学眼中，他有一个让人羡慕的家庭，和让人羡慕的父亲。

爱德塞长得和父亲很像，脾气性格却截然相反。亨利个性倔强、脾气暴躁，但他的儿子却温文尔雅，像水一样安静；在学校他是聪明用功的好学生，在家里，他对父亲绝对顺从。亨利有着天生的叛逆，他和他的父亲威廉更多的相处模式是冲突和对抗。但他的儿子爱德塞对待自己却是亲密而依赖的，这一点让亨利非常满足。

在亨利只是一名普通机械师的时候，因为经常出差不能回家。每天晚上，小爱德塞都会给父亲写一封信，向父亲汇报一天中都做了什么，诉说着对父亲的思念。那个时候的亨利看着儿子就十分欢喜，他曾告诉他的朋友："我有一个好儿子，爱德塞天生就是我的事业最佳的继承人！"

随着爱德塞的长大，他越来越有自己的想法。他有时会和父亲有不同的意见，但大多数时候都听从了父亲，有过冲突也是为数不多的几次而已。在爱德塞7岁时，他和父亲有过一次"冲突"。父亲为他修理好了旧雪橇，要带儿子去滑雪；可是爱德塞不愿意去，而且嫌雪橇太旧。亨利大为恼火，把爱德塞单独关在房间里让他反省。最后，这一场冲突以爱德塞到亨利面前承认错误而结束。从那以后，爱德塞就更少表达自己的想法，而且越来越内向，敏感胆小，很少与人交谈。

1913年，20岁的爱德塞完成了中学学业，与同龄人一样，他希望进入名牌大学深造；但父亲认为高等教育没有多大用处，真正的知识来自实践，工厂是最好的课堂。爱德塞心里极不情愿，但出于对父亲的崇拜，还是无条件服从了安排。

亨利成为名人以后，耗资两百多万美元购置了新居光明巷。他在新家建造了一个十分庞大的车库，停放着十几部车。他专门从英国订购了一辆劳斯莱斯送给儿子，还有各种型号的外国车，因为爱德塞喜欢收集各类豪华汽车，尤其是欧洲豪华车。为了留儿子住在家里，他还特别设计了巨大的室内热水游泳池，一架价值3万美元的管风琴，还根据儿子的要求，为他修建了台球室、滚木球道和高尔夫球场。

这一切看上去满满都是爱，但这爱的后面却有一丝暗影，带着强制的意味，让人无法拒绝。亨利让爱德塞去福特公司上班，做他的助手，爱德塞同意了，那年他21岁。

　　亨利·福特似乎希望儿子能永远和他住在一起。他的想法几近疯狂，比如，他不能接受儿子有女朋友，更无法接受他要订婚。可是，爱德塞还是不可避免地遇到了生命中最重要的人——他的爱人埃莉诺。对于艺术和音乐的共同爱好让他们走在一起，埃莉诺温柔、善解人意，总是能理解和支持他。他们相爱了，但这却让他的父亲很受伤。

　　1916年11月1日，这对佳人举行了盛大的婚礼。婚后爱德塞打算搬出光明巷，搬去属于自己的家，这是再正常不过的事，但亨利却很久都不能接受，认为儿子深深伤害了他，他们的关系从那个时候开始破裂。

　　从1919年福特父子取得了对福特汽车公司的绝对控制权以后，亨利就把福特公司42%的股权给了爱德塞。因此，在整个20世纪20年代，他每年仅分红所得的收入就在300万美元以上。然而，他并没有因此感到轻松，反而因为一切都来自父亲的恩赐，让他有一种深深的空虚感。作为一个年轻的百万富翁和福特王国的继承人，他头顶令人羡慕的光环，但他体会不到成功的快乐，找不到自己的位置；他的财富、地位反倒成为了他的压力，让他没有喘息的空间。

　　他一度将精力转移到私人生活中，他妻子的家族有收集艺术品的传统，爱德塞夫妇就开始把一部分资金投入到艺术品的搜集工作上。他也常常用作画来发泄情绪，在画中寻找自我。更多时候他对着窗外发呆，眼神空洞。他和那些挥金如土、吃喝玩乐的纨绔子弟不同，他有一种使命感，想取得自己的成就。但是，他虽然是福特公司的总裁，却在很多决策上受限于父亲的管制，他任期内所有的决定实际都是先问过亨利·福特才能被批准的，而没有汇报的很多决定都被亨利取消了。

　　很多时候爱德塞都在压力和抑郁中度日，他渐渐学会用喝酒麻痹自己。

第一次世界大战的到来让爱德塞兴奋，他认为证明自己的机会到了，但亨利因为担心爱德塞的安全坚决不让他去。亨利找来很多律师，向当地兵役局递交申请阻止爱德塞去服兵役，申请被驳回，但他没有善罢甘休，直接告知威尔逊总统。虽然没有得到总统的回复，但是最后爱德塞还是失去了入伍的资格。

这对一个血气方刚的年轻人来说是一种巨大的耻辱，爱德塞感到自尊心被撕裂了。但他仍然没有反抗，只是无声地承受着来自父亲的重压，他没有发表任何个人观点，人们甚至没有听到一句抱怨。

接下来一连串舆论指向爱德塞，有人说他"一辈子都是一个逃避兵役的懦夫"，有人讽刺他是"办公椅骑兵队的头目"。1918年参加美国参议院大选时，亨利的对手杜鲁门·纽伯利用爱德塞免除兵役一事大做文章。尼古拉斯·朗沃茨发表演说讽刺道："世界上没有受到战争损伤的只有7个人，其中6个是德皇的儿子，第7个就是爱德塞·福特。"亨利的固执和对爱德塞的过分保护，不仅让爱德塞很受伤，也让自己陷入困境。

面对这一切的指责和误解，爱德塞依旧隐忍。很少有人知道，对他来说，不穿军装要比穿上军装更需要勇气。他牺牲自己来成全父亲，这是他唯一能回报父亲"爱"的方式。

像所有无法登基的王储一样，爱德塞既无法掌握父亲的王国，也无法掌握自己的命运，他只能在父亲的狂风暴雨中随波逐流。亨利·福特一方面希望爱德塞像自己一样强势果敢，另一方面又希望他做个言听计从的好儿子，所以当爱德塞无法同时扮演好两个角色时，他就会大发雷霆，爱德塞怎么做都无法同时满足父亲钻石般多面的需求。

亨利对儿子的控制欲越来越强，他希望每时每刻都知道爱德塞做了什么、见了谁。他无法忍受儿子和狐朋狗友们鬼混，而爱德塞的所有朋友在他眼里都是狐朋狗友，甚至连后来成为美国总统的富兰克林·罗斯福也不例外。他发疯一样要把爱德塞控制在自己的视线里，爱德塞的助手们和工厂的工人们都暗中帮他躲避父亲的监视。

亨利的脾气越来越不可控，对待儿子的方式越来越让人无法理解。他认为对儿子爱德塞唯一有帮助的方式，就是"挫折教育"，让他不断受挫，打击他，那样就会使他变得真正强大起来。他甚至在公司里给爱德塞找到对手，专门和他作对，让他处处碰壁。在这样的折磨下，亨利和爱德塞在很长一段时间都互不理睬。

爱德塞一直想研发新型车。虽然T型车卖得很好，可是从1908年开始，20年间福特没有出过一款新型车，福特的影响力在逐渐下滑。1920年，机会来了，因为经济危机，著名的林肯汽车倒闭了，爱德塞花了一笔钱收购林肯，并对在林肯工作的著名汽车工程师利兰父子许以高薪和巨额研发费用，准备研发新一代豪华车，可在正式收购后第二天，亨利就把利兰父子开除了。

爱德塞一直想进军游艇业和尚未兴起的飞机制造业，可但凡遇到困难，亨利马上借机拼命打击，全盘否定他的计划。

1929年通用推出6缸发动机后，爱德塞请求父亲也让自己试制。经过多次被拒绝之后，他自认为终于获得了父亲的默许，并和工程师们经过6个月的努力制成了样机。就在要试车的时候，总工程师接到了亨利·福特的电话，说他刚刚安装了一条专门运送废品的传送带，请他来看看。总工到场后发现爱德塞也在，不一会，传送带开动了，他们吃惊地发现，传送带运过来的第一堆废料竟是他们研制的那台6缸发动机。

"现在你们搞懂了没有？想在我这里搞什么花样，永远休想！"亨利·福特看着被惊呆了的儿子和总工，甩下这样一句话，拂袖而去。

亨利的"挫折教育"，就是爱德塞要为福特帝国做任何打算的时候，都会被泼一头冷水。

父亲不断给他重压，加上酗酒，爱德塞的身体越来越虚弱，经常感到头晕恶心。到了20世纪30年代末，健康状况一直不佳的爱德塞胃病愈发严重。因为忙于工作，他没有住院治疗，忍受病痛一直坚持，一直拖到1941年底，结果证实是胃癌。此时再治疗为时已晚，癌细胞已扩散到全身。父亲亨利看见躺在病床上面色苍白、骨瘦如柴的儿子，不禁老泪纵横。他像发疯一样怒吼着把所有能找到的酒瓶子砸得粉碎。"就是这些东西害了我的儿子！"可实际上他自己清楚，一向温顺的儿子是为何开始酗酒，走上自我毁灭之路的。他再没有勇气去看爱德塞，每天在光明巷走来走去，以泪洗面，担心听到儿子离去的消息。

1943年5月26日，爱德塞终于不用再受痛苦的折磨，离开了人世，年仅49岁。根据妻子的要求，丈夫的遗体被安葬在底特律城的伍德劳德公墓，而不是故乡迪尔伯恩，这也是她对福特家族无声的抗议。她是个识大体、顾大局的女人，在后来的岁月，她只对很少的几个知心好友谈到过亨利·福特怎样迫害她亲爱的丈夫，而对自己的几个子女只字未提。

葬礼当天有一支几百人的队伍从远方走来，穿着工装裤，戴着工作帽，他们自愿前来为爱德塞送行。爱德塞得到了工人们的尊敬和钦佩，他们欣赏他谦逊、正直和诚恳的品格。

1946年，老亨利·福特不得不让位给亨利·福特二世，此时福特公司每个月亏损已达1000万美元，只是因为福特公司的规模巨大和"第二次世界大战"时来自政府的订单，才使公司幸免于倒闭。晚年的老福特更加古怪，他的专制和错误的决断使得福特公司后来虽然恢复了元气，但永远失去了昔日汽车行业绝对霸主的地位。

爱德塞去世那年，《底特律自由新闻报》记录了这样一段对话：

"您有这样一个儿子，真是一件幸事。"在一次记者招待会上有人当着爱德塞的面对亨利·福特说了这样的话。"不错，我是够幸运的，"父亲笑答，"但爱德塞有我这样的父亲把他养大，让他能担得起现在的重任，他也够幸运的。"

真的是幸运吗？其实还是一种不幸。最大的不幸莫过于，一个男孩有一个自恋的、以自我为中心的父亲。

那些极度自恋的人，往往功成名就，达到事业的顶峰，却在人际关系中陷入尴尬境地，因为无人愿意与其长期交往。他们争强好胜的另一面，是极强大的掌控欲，想把一切捏在手中。他们总是相信事情按照自己的想法发展就绝不会错；错了也可以马上纠正过来，这都是小事。他们让别人为其办事，从来都觉得理所应当，当然，继承人就更应该按照自己的意愿，要完全顺从。此类人往往缺乏最基本的自省能力，作不出公正的判断，总是有失偏颇；不能对其他人做到基本的尊重，对非他的行为举止难以被宽容。接连不断的好运和被人夸赞的成就使得他们的自信心日益膨胀，就如同希腊神话中的伊卡洛斯一样，越飞越高，离太阳越来越近，最终翅膀被熔化，跌落地面，只能导致悲剧的结局。

《底特律自由新闻报》对爱德塞的评价是："爱德塞的经商才能显示在掌控财务、生产和销售上，他比汽车界任何一个人都掌控得多，即使是他的父亲也不例外。"

虽然爱德塞聪明过人，了解市场规则，能熟练驾驭管理技巧，使福特公司多次化险为夷，解决了包括劳资矛盾、公司政治、人员流失等一系列的问题；虽然他品格谦逊，忠于家庭、公司和国家，为福特汽车在汽车设计、航空业发展和国防合同上作出了巨大的贡献，但他在工业界始终没有得到应得的认可，不为人知，因为强势的父亲对他一直强硬打压，各种约束和阻挠。

爱德塞一生纠缠于父亲畸形的爱中，直到把自己的精力耗尽。他长期的隐忍和沉默，导致压抑的情绪不能释放，痛苦啃噬着他的生命。

小树如果自然生长，就会长成一棵也许杂乱无章，但一定枝繁叶茂的大树；而如果在成长的过程中，园丁不停地修修剪剪，它就会长成园丁期望的样子，规整而没有太强的生命力。

像"修剪者"一样的父母是可怕的，他们对待孩子的唯一途径就是奖惩制度，他们要求孩子达到某个条件，如果达到了，就奖励他；如果没有达到，就惩罚他。于是孩子离自己的内心越来越远，逐渐成了父母意志的产物。

这样的父母是完全以自我为中心的父母，他们表面上爱孩子，实际只懂得爱自己。

在心理上，亨利没有和爱德塞分离，他牢牢控制住儿子，认为爱德塞是属于他的。无论是因为亨利的不同意见而发怒，还是因为亨利结婚而伤心，和后来一系列的打击、监视，都是一种操控，一种畸形的占有欲。

这样的父母不想与孩子分离，是因为孩子对他们来说更像一个"物"，而不是人；他们认为自己有权力去支配这个自己生养的"物"。在这种情况下，无论父母倾注的爱是善意还是恶意，这个孩子的自主性都不会得到尊重；他们会迷失自我，好像不再为自己而活。

爱德塞不能拒绝亨利是因为，他被告知"我这样对你是因为我爱你"。他给爱德塞买最好的汽车，给他物质的满足，不让他读大学是因为没用，保护他，不让他去服兵役，挫折教育让他变得强大……这背后都是以"爱"为理由。爸爸这么爱我，我怎么能生他的气？爸爸这么爱我，我怎么能让他伤心失望？这样的"爱"越深，他越内疚，越不能言语，不能拒绝。

　　这种"爱"是虚假的爱。这样的父母甚至不知道孩子真的需要什么，也没有兴趣了解，唯一的目的，就是让孩子成为自己想要的样子，让真实的人失去自我。这样的"爱"是一种让人窒息的枷锁。

　　真正的爱，是充满自由的爱，为他提供安全的环境，让他在其中自由探索。懂得分离的爱才是"真爱"，幸福就是，他可以成为他自己。

4. 黑暗又高大的父亲——莫扎特梦魇

　　莫扎特的英文全名是Wolfgang Amadeus Mozart，中间名的意思是"上帝赐予的礼物"。人如其名，他真的让所有人震惊，歌德曾说莫扎特是"神的创造力在人间的化身"。

　　5岁，还属于婴幼儿时期，莫扎特就可以用多种方式演奏乐曲，如蒙眼演奏、即兴演奏，甚至听过一次的音乐，就能准确无误地弹奏出来。他拥有大多数音乐家非常羡慕的完美音高能力，无论任何乐器演奏，都可以分辨出准确的调子。

　　天才的爸爸却未必是天才。莫扎特的父亲只是一个具有中等天赋的小提琴演奏家和作曲家，名叫列奥波尔德·莫扎特。他本来要当神职人员，因偏好音乐被入选成为萨尔茨堡大主教的小提琴师，并一直提升至宫廷乐队副主管的职位。他对音乐也曾有过野心，只是从来没有达到过期望中的成功。像很多父母一样，老莫扎特把希望寄托在孩子身上，好像他们生来的意义就是实现父辈未完成的心愿。他先从自己的女儿开始培养，姐姐玛利亚·安娜，11岁时同时代的人们就称她为钢琴演奏家、大提琴演奏家和职业音乐家。而儿子莫扎特的天赋秉异更让他兴奋不已。老莫扎特像是终于找到了人生的方向，接下来只有一件事情要做，就是培养和宣传神童莫扎特。在这一点上，老莫扎特的确做得不错，他是一个成功的经纪人，把莫扎特打造成了世界性的天才人物。

　　父亲是合格的宣传人。他懂得包装的艺术，会雇用高级的马车撑脸面，演出之前必定要花一笔费用制作精良的宣传海报。小莫扎特童年的全部时光，都是在旅行巡演中度过的，旅途的疲劳、糟糕的天气、随处可见的传染病、无尽的压力、一个接一个的演出，这些就是他和姐姐共同经历的，十年如一日。

在莫扎特父亲的眼中，这个孩子是完全属于自己的，他要塑造他，让他成为自己心中最好的样子，他根本没有想过这个孩子究竟需要什么，喜欢什么。或许他认为连这样的想法也是可笑的，无意义的。

和老莫扎特一起生活，小莫扎特像上了发条的木偶人，一刻不能停下。无论是在家出门前，还是旅途中高强度的训练，还是台上的临场训练，都不能有任何偷懒和懈怠。舟车劳顿和巨大的心理压力消耗着小莫扎特的能量，这种与年龄不符的超负荷训练，使得莫扎特一直长得苍白矮小。他年纪轻轻就去世也和积劳成疾有关。

可即使如此努力，小莫扎特从父亲那里得到的赞美也微乎其微。纵使全世界都在称赞莫扎特，可父亲总是严厉批评，用最高的标准要求儿子；他对莫扎特吝于肯定，认为打击和鞭策才会使儿子更好。这很像我们身边很多父母的心理状态，明明是爱孩子的，但从来不说，即使说也是孩子不在场时对别人说，"我的孩子如何如何优秀……"他们总是说别人家的孩子好，以此鞭策自己的孩子更加努力；自己的孩子总是不对的，有各种问题的，好像夸一句孩子就从此会堕落下去了。更可怕的是，在外人面前，总是不余遗力地说着孩子的不好，以此为谦虚的美德："我的孩子这方面不行，不如你家孩子……""我家孩子就是内向，不爱说话，不胆子小……"这些话语都无形中给孩子戴上了莫须有的标签，让他们慢慢内化认同了这个评价，自卑到一生都在这个标签下抬不起头来。孩子内心的痛苦，深深的挫败感，伴着他们成长，那种想被肯定的渴望，在心的深处用力呐喊，可是无论怎样都没有回应，渐渐地，他们放弃了最后的希望，认定了自己是不值得被爱的，开始厌弃自己。

原生家庭不该给孩子带来这样的负面影响，孩子不需要一个黑暗高大的身影，站在自己的面前指挥统领，而是需要有一双充满爱的眼睛，蹲下来温柔注视他们，平等交谈，关心他们的灵魂。

莫扎特的才华没有得到萨尔茨堡大主教的赏识和保护，相反，他想将其据为所有；他视莫扎特为仆人随意差遣他，莫扎特在音乐的创作上全然没有自由。他本可以逃出主教的魔掌，但他选择留下：为了不让父亲丢掉工作，他忍气吞声，因为这是父亲的期待。

莫扎特的父亲不理解儿子。他的"爱"是自私的，充其量只是"为你好"，并不知道对方究竟需要什么样的爱。从这点上来看，他是个失败的父亲。小时候他让儿子四处奔波，在巡演中长大，成年后又要他安定下来做普通人，像海顿一样，领固定俸禄、有地位有面子，让自己可以安度晚年。他给别人的信中提到，他们的巡演将持续到莫扎特长大成人，因为那时他的成绩将不再引起别人的惊奇；这暴露了他可怕的动机，这动机里只关乎自己的炫耀和虚荣心，关乎名利和投机，完全没有为儿子一生的幸福考虑。

1777年，莫扎特又一次尝试巡演之路，在母亲的陪同下，他来到巴黎，住在一个条件极其简陋的小旅店。但这一次并不顺利，大多数人早就忘记了莫扎特，那辉煌的日子已一去不复返。母亲因旅途劳顿、营养不良得了重病，在巴黎举目无亲，没有得到很好的医治，于第二年病逝。

母亲的离去让莫扎特哀伤不已，他从巴黎给朋友写信："……我是在深夜2点给你写信。我得告诉你，我的母亲，我最亲爱的母亲，已经走了！上帝把她招了回去。祂收容了她，我心里很明白这一层意思……

我只有顺从上帝的意愿。祂把母亲赐给了我，这回也是祂的力量把母亲从我身边招回去。她走时就像一盏灯灭了……这是上帝的意愿。"似乎只有在对上帝的信仰中，他才能把这种伤痛交托出去，才能让自己的心平静下来。

莫扎特被迫返回家乡萨尔茨堡，又处在大主教的魔掌之下。大主教监视着莫扎特的一举一动，不能私演，不能随便离开本地，不能随便为别人创作音乐。这期间，父亲因年迈和母亲去世的打击变得孤僻而固执，不再给莫扎特任何精神上的安慰，这更加深了莫扎特内心的痛苦，他终于决定不再忍受这一切。

这一次，他坚决辞职，一个人来到维也纳。屡次受挫，在宫廷被排斥，被恶毒的小人陷害。随后，他结婚生子，为了一家老小的生存疲于奔命，生活毫无规律，身体迅速变差。但与此同时，莫扎特的经济状况渐渐好转起来，他获得了维也纳皇室的工作，年薪高达800弗洛林，并且创作完全不受限。当时莫扎特一首弦乐四重奏的出版费用高达75弗洛林，而同时期的著名作曲家海顿一首曲子的费用才50弗洛林。莫扎特一共出版过至少54部室内乐作品，收入并不低。

可是，莫扎特并没有因此而生活得更加幸福安稳，反而在经济上出现了严重问题。因为他特殊的成长经历，父亲只在乎他在音乐上的长进，对他在生活上的教导几乎为零，所以莫扎特根本还像个孩子，不知道如何管理自己的生活。他挥霍浪费，不懂理财，仅豪宅一项每年就要花费460弗洛林；莫扎特的妻子康斯坦茨产前产后总是闹病，需要名贵的药品，又要去巴登温泉疗养，也花费了巨额的费用，以至于后来莫扎特陷入了严重的债务危机。他十年内搬家十余次，颠沛流离和高利贷一直是生活的主旋律，六个孩子不能被很好地照顾，有四个在疾病中逝去，生活充满了无望的气息。

1791年初，莫扎特受维也纳剧院委托，创作歌剧《魔笛》。《魔笛》在维也纳的上演，是对作曲家逝世前最后的一次安慰。在谱写《魔笛》的那年七月的一天，忽然有一位身形消瘦、穿黑衣的神秘人造访，请他作一首《安魂曲》，并提前支付了部分报酬。莫扎特慢慢相信那个神秘来访者是死神派来的信使，实际上这首《安魂曲》是为自己谱写的。在极度困苦和恐惧中，莫扎特完成了《安魂曲》的大部分，最后的结尾由他的学生和朋友完成。曲子以莫扎特不常用的d小调为基调，整个弦乐部分十分沉重黯淡。死神将至，有些许无奈和不甘，却又似乎带着盼望，终于可以结束一切，去那有爱有光的国度；最后美妙的曲音带着力量，似乎温暖着这个即将逝去的灵魂。

1791年12月4日，莫扎特离开了人间，结束了年仅35岁的年轻生命。处在弥留之际时，只有妻子的妹妹苏菲在他床边，她说，"莫扎特在生命最后一刻，还用嘴来清唱《安魂曲》，我听见了"。

人们送走莫扎特的那天，狂风呼啸，大雪纷飞，他的妻子重病卧床，也没在他身边。半个月后，她再来寻时，已经找不到莫扎特的具体墓址，人们也再难为这旷世音乐奇才在墓前献上一束花。

在短短35年的时间里，莫扎特奇迹般留下了754部作品，其中622部已完成。他谱出的协奏曲、交响曲、奏鸣曲、小夜曲、嬉游曲后来成为古典音乐的主要形式。他的一生，享尽荣耀，又洗尽铅华，童年的奔波、病痛的折磨、亲人的分离、好友的去世、生活的窘困……种种不如意贯穿始终，其中最遗憾的是和父亲至死未修复的关系，那是莫扎特摆脱不掉的梦魇。

在莫扎特人生的最后六年里，他只见过父亲两次，因为疾病没有出席父亲在萨尔茨堡的葬礼。也许在天堂里，他可以告诉父亲他实际上多么需要他的爱和鼓励，也可以问问他，"为什么不能爱我本来的样子"？

　　还好，莫扎特拥有音乐。他是一个在内心深处不断思索的人，在音乐中他无比自由。他的音乐宛如阳光，但不刺目，不消蚀人，如同天穹披覆着大地，但却不给它以重负。音乐中的莫扎特好像另一个人，一个不会再痛苦、不会再哭泣的生命。他的本性爱着完全的美，只有在上帝的身上，才能找到那种平安与自由。

5. 严苛的爱，也是劫难——"懂事"的张幼仪

提起张幼仪，很多独立女性以她为标杆。虽然婚姻不幸，但是她凭着坚韧和毅力华丽逆袭，离婚后进入德国裴斯塔洛齐学院，专攻幼儿教育，毕业后她在东吴大学教授德文；回国以后又经营上海女子银行做副总裁，还开了国内第一家新式服装公司。她始终孝敬照顾徐家二老，并为他们送终。她后来也有了身边陪伴的人，苏医生，一起走过20个春秋。1988年在纽约去世时享年88岁，是跟诗人徐志摩有过情感纠葛的三个女人中，最长寿的一个。

她辛苦一世，坚韧一世，赢得了人们的尊重和称赞。但她所经历的这一切真的让她得到幸福了么？如人饮水，冷暖自知。

一个女人，外表再坚强，能力再超群，事业再卓越，若是没有得到爱情，仍是可怜。她生命中最美好的时光里，没有体验过任何幸福，有的只是无尽的付出和牺牲，忍耐再忍耐；数不清的夜，孤身一人，把悲愤交集的泪水咽到肚子里，第二天又要精神抖擞，情绪稳定，不被人发现。她从不抱怨，任劳任怨做着徐家的媳妇，严肃认真地对待艰难的生活，一板一眼。

她的爱人像一首风花雪月的诗，而她是那么不和谐，无法配合那浪漫跳动的音符。她是一个踏踏实实的好姑娘，但她的婚姻并没有因为她的"好"而变好。这不幸的源头，还要从起初开始寻觅。

1900年，宝山县的一个小村庄，一户张姓人家迎来了家中的第二个

女儿——张嘉玢，小名幼仪。她的父亲为她选了"玢"，意为"玉"，希望她能拥有玢玉一样的美德，善良正直、端庄得体。

如同她的名字一样，她一直被要求信守端庄得体的礼数，这看似源自殷切的爱，实则却是一种负担；带着这种苛刻和压力长大，时刻谨记着父亲的期待，让她走得格外沉重和艰难。

张幼仪的父亲是镇上的医生，医术高明，医德也好，得到镇上人的尊重。但对外人和气的父亲，在家里却脾气暴躁，是另一副面目，无论妻子、用人还是张幼仪的兄弟姐妹，都不知道如何与他相处，十分怕他。他酷爱国画，只有在他专注看他喜欢的国画时，才稍显温柔。因此，若不是他叫，孩子们绝不会跑去主动找他，都躲得远远的。他也没有兴趣过问孩子的生活或和他们闲谈。

从这样的父亲身上，是得不到什么父爱和关注的，而一个女孩没有得到足够的父爱，会让她一直认为自己不好，没有最基本的自信。

张幼仪的童年，唯一和父亲比较近距离接触的时间，就是为他的画卷清理灰尘的时候。这件事是她和八弟共同负责的。父亲选八弟，是因为他和自己最像；选张幼仪，是因为在几个孩子中间，她最懂礼数，最小心谨慎，最能猜透父亲的意思。

两个孩子小心翼翼，拿着小鸡毛掸子轻轻扫画卷，他们的父亲这时会用少有的耐心和平和的语气，给他们讲讲名画背后的故事和传说。只有这一刻，他才像一个父亲，而不是一个冰冷的男人。

张幼仪感受到的"爱"是有条件的，被要求的。她渴望父亲的"爱"，就要做到懂礼数、安静、温和，会察言观色。当别的同龄孩子撒欢玩耍，叽叽喳喳说个不停的时候，她却总是沉默、安静；当别的孩子任性撒娇，因为父母没满足要求哭闹的时候，她从来都是顺从、忍耐。父亲喜欢她，因为她知道何时来、何时走，不会多说一句话，只会在父亲问话的时候，才合宜地妥当回答。她起初用敬语询问父亲是否需要添茶，后来甚至在他没开口的时候就知道父亲的心思，把茶递上。她得到了父亲的关注，却是用童年的欢乐去换的；她直接越过了童年，成为了一个"小大人"。

在心理学上，儿童需要充分的乐趣和游戏，需要适合自己年龄的挑战性的刺激，而过于苛责的父母则会剥夺孩子属于童年的笑容和天真。过分严肃的家庭，很容易截断孩子自然的情绪。为了照顾父母、满足家庭系统的需求，孩子往往会牺牲自己的真我，学习防卫以掩盖被羞辱、被孤立以及跟自己分裂的痛苦，这些求生行为使得情绪陷入麻木状态。

张幼仪祖父在朝为官，为他们留下一栋大房子。祖父去世后，祖母、两位伯父及家人，张幼仪一家共同住在大宅子里，却只有张幼仪一家有单独的厨房、厨师和伙夫。在张家，一切由父亲说了算，没有商量和民主，都要听他的。他按照自己想吃的菜规定厨师每天给大家做的菜肴，完全地以自我为中心；而对待这样的丈夫，张幼仪的母亲只有顺从。她的母亲认为女子可以没有学问，但不能不懂礼数，张幼仪从小被灌输了男尊女卑的思想。

一个家庭的相处模式就是家庭中的孩子未来婚姻的相处模式，最初的影响来自父亲母亲，一个十几岁的女孩不知道怎么做妻子，她的母亲对待丈夫的方式，是她唯一可以学习的榜样。

张幼仪的父母养育了八个儿子，三个女儿，可是她的母亲对外人说的时候，都只说家里有八个孩子，好像三个姐妹不存在一样。女孩子是被直接忽略的，她们被唯一可以依靠的母亲认为可有可无。这样的女孩是无论如何也建立不起自尊自爱的，她们潜意识都认同了母亲，认为自己是卑微的，不配被爱的。

张幼仪的母亲有一双小脚，她每天早晨起床后的第一件事，就是用干净的布条把脚包裹起来，小心又虔诚。20世纪以前的中国，女子以小脚为美，大户人家的小姐从小不缠足会被人耻笑，因为没缠过足的女子，是需要下地干农活的村姑。缠脚要从幼儿期开始，用布条将折过的脚掌缠起，最终缠成又尖又小的小脚。

张幼仪3岁那年，母亲决定给她缠足。她认为女子一定要缠足，否则会被鄙视嫌弃，嫁不到好人家。当阿嬷拿布条缠住张幼仪那双小脚，一圈一圈越来越紧时，她又疼又怕，恐惧令一向乖巧的她大声尖叫起来。她的母亲看着女儿如此痛苦，却异常平静。幼小的孩子，无法理解为什么最爱的亲人会如此虐待自己，哭到嗓子嘶哑也没有停下来。母亲把她带到厨房，让她看厨师切菜分散注意力，可听到厨师用菜刀砍断鸡骨的声音，让她更加不安，像她被折断的脚骨头。

第二天，第三天，每天阿嬷都会把染了血的布条摘下，换上新的布条，重新包好。张幼仪没有停止凄惨的撕心裂肺的哭喊声。第四天，17岁的二哥无法忍受妹妹每天承受这样的折磨，他恳请母亲放弃为妹妹缠足，他许诺如果没有人娶她，自己会照顾她一辈子。张幼仪终于逃过一劫，不用受苦了，但是，她的脚受到了永久的伤害，成了一双回不到过去，也不属于未来的脚。受到伤害的，还有那个3岁小女孩的心，本该自由生长的性格，恣意扬洒的情绪，随着那凄惨的哭声，都消失了：那揪心的痛让她恐惧，她永远记得，大声哭闹的女孩儿被认为不乖、性情不好；只有忍得住剧痛，坦然接受折磨，始终保持安静的女孩儿，才是值得被爱的。

这次缠足事件影响了张幼仪的一生，她的恐惧、她的不自信、她的妥协、她的隐忍，都出在那一双没有被缠好又无法复原的脚上。

张幼仪12岁那年，母亲生下了最后一个孩子。四妹出生以后，母亲的身体一直不好无法亲自带孩子，甚至不能走出房门，于是，照顾四妹的事就交给了"懂事"的张幼仪。小小年纪的她就要当"妈妈",接下来的几年,每天喂四妹吃饭、换尿布,带她出去玩就是她生活的全部。四妹太小无法吃下普通饭菜,她就要把饭菜嚼烂喂给四妹吃。尽管张幼仪照顾小婴孩十分细心,但她毕竟也是个孩子,难免有失误的时候。一次,她不小心把四妹摔在地上,四妹疼得哭了起来,父亲过来不容分说打了她一巴掌,骂她整天东跑西颠像个野丫头,打完抱着四妹回屋了,留下她一个人站在火热的太阳下。她所有的委屈、失落一起涌上心头,可她也只是默默流泪。她把所有的时间和精力都用来帮助父母做家事,照顾妹妹,却换不来父亲的爱。

意大利的足球以防守而著称,据说这跟亚平宁半岛屡遭蛮族入侵关系颇大。防御机制总是在遭到攻击后被动形成。习惯了父亲狂风暴雨的张幼仪总是活得战战兢兢,心理上的这堵围墙就在不知不觉中越来越坚固了。

"存天理,灭人欲"是儒家理学的传统观念,这种观念也极大地影响了我们的教育方式。很多孩子从小就被教育要克制自己的欲望,压抑自己的情绪。少年老成在很多语境下被当作一个褒义词,事实上,每一个老成少年或少女的心中都住着一个被父母忽视,被谎言所包裹的灵魂;在他们的世界里,稍有自己的想法就会被斥之为胡思乱想,刚想表达自己的观点则会被呵斥为"翅膀硬了"。做一个乖孩子似乎是他们拥有的唯一选项。

这就是促使张幼仪不幸的真正原因。自从懂事起,就被教授"礼数"的张幼仪,懂得"身体发肤,受之父母",无论何时都要"尊敬长上,循规蹈矩",无论做什么事都要在得到父母的许可之后才可以做……这些严苛的规矩礼教像一根根绳索,捆绑着她的人格,束缚着她日后的人生。

这样的张幼仪嫁给了徐志摩。

她没有倾国倾城的美貌，也算佳人，温良淑德、贤惠顺从，把家里打理得井井有条，又把长辈照顾得无微不至。徐志摩可以依赖她、信任她、尊敬她，但始终不能爱上她。在他眼里，她一板一眼，毫无生趣，像个假人。

徐志摩爱的林徽因，容貌纤细、神采奕奕、才情万种，是他梦幻中的女孩。他为她写了无数情诗，因为她是他的灵感女神；她有着深刻的思想，独立自由的民主精神。他爱她的美，外在和内在的。徐志摩爱的陆小曼，因被爱而可爱。她自信、明朗、活泼、娇嗲，她可爱的气质让无数男人迷醉。她让徐志摩看见她就想拥有她，呵护她。

林徽因和陆小曼，她们的父亲都是有留学经历，有远见，有智慧的人，更重要的是他们疼爱女儿，视女儿为掌上明珠，甚至比男孩更珍贵。她们从小到大皆入名校就读，受过良好的教育。

而张幼仪的父亲只是小镇医生，他的见识没有超过他的身份。张幼仪从父亲那里没有得到过爱，只有严苛的要求和管教。他父亲认为女孩子接受教育是奢侈的事，只有当张家为男孩所请的私塾先生有空时，才能给女孩子们讲点《孝经》《小学》之类。后来她煞费苦心才为自己争取到一个教学水准极低的学校读书。

她终究是输在原生家庭上，没有得到足够爱的女孩，怎能知道如何去爱人，去拥有爱，享受爱？她是很坚强，可坚强往往不会使得一个女人更有魅力。

童年的经历告诉她，没有无条件的爱，爱都是用自己的辛苦努力换来的；连父母都不能无条件爱她，更何况其他人？因此，她很现实，没有浪漫的情愫。可以说，她不相信爱情，觉得那和自己无关。爱情上的自卑让她选择严肃，她快乐不起来，也轻松不起来，她时刻保持一种紧张感，因为她认为努力做好，就能得到爱。可越想努力，收得越紧，越没有自我。一个鲜活彩色的生命，和一个灰白僵硬的生命，哪个让人更想去爱呢？诗意浪漫如志摩，他当然要去追求那跳跃、鲜活的生命。

张幼仪和陆小曼曾共同参加过一个饭局，胡适做东。张幼仪说她也弄不清胡适出于什么心理，把她和新婚的徐志摩、陆小曼夫妇请到一个饭局上，但她觉得自己得去，去了，会显得"有志气"。

饭局上，陆小曼喊徐志摩"摩""摩摩"，徐志摩喊她"曼"或者"眉"。张幼仪想起徐志摩以前对自己说话总是短促而草率，她于是最大限度地保持了沉默。多少年后，她对侄孙女张邦梅回忆道："我没法回避我自己的感觉。我晓得，我不是个有魅力的女人，不像别的女人那样。我做人严肃，因为我是苦过来的人。"

她意识到这场婚姻的悲剧，也有自己的问题，而这份"苦"，就来自她的原生家庭。"苦"的教育，使她出身名门而不自知自爱，对人对物都谨小慎微和不自信；处处怕，处处忍，处处为人着想。"苦"的教育，让她把真实的自己隐藏。

张幼仪曾为着自己沉重的生活打了一个生动的比喻："我是秋天的一把扇子，只用来驱赶吸血的蚊子。当蚊子咬伤月亮的时候，主人将扇子撕碎了。"

第三章

童年孤独是人性扭曲的罪魁祸首

1. 孤独铸造的悲剧——癫狂尼采

1844年，尼采生于普鲁士萨克森州的洛肯镇一个基督教世家，几代祖先和父亲都是路德教派的牧师。尼采5岁那年父亲去世，脑软化症让父亲在死前经历了巨大的痛苦和折磨，这让尼采幼小的心灵受到了巨大的打击。他不明白，对上帝有着无比忠诚与热爱的父亲，为何会遭遇这般痛苦，慈爱的上帝为何狠心看着这一切发生，怀疑和愤怒摇撼着他的信仰世界。数月后，年仅2岁的弟弟也追随父亲而去。面对接二连三的死亡，尼采沉默了，他体会到了这个年龄不能理解的世间的无奈和苍凉，而这段经历也铸成了他日后忧郁内向的性格。

尼采后来回忆道："在我早年的生涯里，我已经见过许多悲痛和苦难，所以全然不像孩子那样天真烂漫、无忧无虑……"他的一生注定不能像正常人一样，娶妻生子，享受天伦之乐，而要成为一个对于生之谜思，死之苦难，对生命的意义苦苦追寻的苦行者，成为一个影响世界，影响历史的哲学家。

1850年，小尼采随着母亲和妹妹迁居瑙姆堡，从此便生长在一个完全女性化的家庭里。母亲的敬虔不允许她再嫁，她一世守着圣洁，过着朴素又简单的生活。这种选择也导致尼采身边没有男性长辈的教导与指引，他不可避免地多了不该有的柔弱和女性气质。他自己深知这一点，也强烈地对自己的"柔弱"进行反抗。

在其他孩子更喜欢奔跑、大笑、互相嬉戏吵闹的年龄，尼采表现出不被理解的静谧，"那一切本属于其他孩子童年的阳光并不能照在我身上，我已经过早地学会成熟地思考。"他喜欢孤独，经常躲到无人打扰的角落里，似乎只有那样才能找到真正的快乐。

尼采说话晚，直到两岁半才会说第一句话，但他对语言的驾驭能力却是少有的。他对艺术的感知力是独一无二的，9岁开始学习钢琴后，便能即兴演奏，这也许和母亲热爱钢琴演奏有一定的关系。对音乐的爱好给尼采的生命带来极大的安慰，能够作曲，使得他丰富而复杂的情感世界得以疏导；他曾为她心仪的女性谱曲，这是尼采式的浪漫。

10岁的时候尼采开始写诗。"树叶从树上飘零／终被秋风扫走／生命和它的美梦／终成灰土尘埃！"如此年轻的尼采，就开始和朋友创办艺术剧院，并为剧院创作剧目。16岁，尼采开始关于文学与音乐的理论创作。17岁，第一次接触瓦格纳的音乐，一发不可收拾；他对瓦格纳几乎超过了崇拜和迷恋，那是一种发自灵魂的深爱，瓦格纳因此也影响了尼采的一生。

1862年，18岁的尼采发表了一篇名为《命运与历史》的论文，开始写作《意志之自由与命运》。他不甘心做一颗被上帝随意摆布的棋子，他要跳出棋盘，彻底解放自己。他送给自己的成人礼是成为自己的主宰者。

失去信仰和内在约束的尼采，恣意享用着"自由"。他沉醉于纵欲荒淫，抽烟喝酒这些之前所鄙视的堕落的世俗中。但他毕竟是一个思想者，肉体的暂时欢愉不能满足他精神世界的需求，虚无的享乐使他愤怒；他转而对酗酒进行猛烈抨击，认为酒是万恶的，可以麻痹人的灵魂。

1865年，尼采无意中读了叔本华的著作《作为意志和表象的世界》，他为叔本华的批判精神深深折服。从此，尼采的生命轨迹中多了叔本华哲学的阴沉基调，被他的智慧和勇敢吸引。其实失去父亲的尼采一直希望得到父辈的引导，特别是在精神方面尤为渴望，因此对叔本华，他产生了对父亲般的崇拜。

另一位如父亲一般走进尼采世界的人，就是前面提到的瓦格纳。尼采想方设法见到瓦格纳，两个人一见如故，有说不完的话题，都为对方的见地所钦佩和折服。尼采极为兴奋，因为在他孤寂的生活中，这是第一次有一个可以和他进行精神上交流的人出现；父亲的缺位让他需要一个成熟的长者来弥补，来崇拜，他需要偶像的力量。而瓦格纳对这位青年才俊充满欣赏，他需要支持者，尤其是有智慧、有思想的下一代，两个人结下了深厚的友谊。精神导师瓦格纳的影响，使得尼采开始了他人生第一部哲学著作的创作。1869年，25岁的尼采未经考试便获得了莱比锡大学颁授的学位，同时受聘为瑞士巴塞尔大学的古典语言学教授，之后在那里执教10年。

尼采坎坷的一生，似乎一直在被病痛所折磨。每隔一段时间，就会添一种新的病来折磨他。他先后因为高度近视、从马上摔下来扭伤心肌、患眼病而几次都无法服兵役。由于昼夜不停的思考，尼采常常透支体力，疾病接踵而至：29岁，他开始有严重的头痛，32岁时健康恶化到必须停止上课，医生认为这些肉体的巨大痛苦已经危及到了尼采的神智。尼采在大学中的授课因为自己的极端言论越来越被孤立，选择上他课的学生愈见稀少，同事们也不能理解这个他们眼中的怪人。尼采已经无法继续在学校的工作。巴塞尔大学气度宽宏，同意尼采36岁退休，并支付他3000法郎年金，使他可以体面地生活；但此时的尼采，已经没有任何生活可言，眼睛极易过敏，害怕阳光，几乎双目失明。

病痛中唯一的宽慰和欢乐就是写作。1883年，尼采用惊人的速度完成了《查拉图斯特拉如是说》第一部；1886年完成《善恶的彼岸》；1888年，完成《反基督》。《查拉斯图特拉如是说》出版后，尼采并没有得到他期待中的回应，大部分人无法理解他的著作，因为里面充斥着疯癫的言论，无神论的、鞭挞女性的、超人才能解救社会的……

尼采最后的作品，表述更为疯狂，逻辑更为混乱。《强力意志》竟然公然推崇血统论，认为"源于恐怖和暴力的种族才能占据优势""我们唯一的手段就是要保持住军事的狂热状态"……

尼采人生中的最后10年，彻底陷入癫狂。他由母亲和妹妹一同照顾，再不能自如表达自己的思想，他的精神完全错乱了。此时的尼采，活着和死了已无二致。

1900年，56岁的尼采终于结束了一切在世的苦难，安息了，死后与柏拉图，亚里士多德齐名。

特殊的家庭环境和寂寞的成长经历，塑造了尼采悲剧的一生。他抑郁的性格，癫狂的结局与父亲的早逝，对母亲和妹妹过度的依赖和复杂的感情有着千丝万缕的关系。

尼采对家人又爱又恨，爱是感情上的，恨是理智上的。

在母亲那里，他是得不到任何理解与宽慰的，他的作品里满是亵渎，对基督的批判和抨击，无神论的论调。虽然母亲那样虔诚、温柔、朴实、有耐心……但母亲的善却只能把他推得更远，证明他是个更差的人，让她失望的儿子，叛逆放荡的浪子，诋毁上帝的罪魁。他反复对母亲说"不要去管我的作品说什么，因为不是为你写的……"而母亲一次次读过，一次次流泪，一次次叹息，都让尼采有着极深的愧疚感和不可言说的痛苦和孤独。

尼采曾在自传中写道："我的母亲过分矜持，已经污染了我生命的泉源。由于我童年丧父，所以我的生命之水一直受到污染，没有一些必要的男性元素来纯化我生命的本源。因此，我在内心中对女人的娇弱与矜持大为生气。"尼采对母亲是有着怨的，他宁愿她再嫁，也不想自己的童年生活被众多女性和无休止的呵护包围。在他的角度看来，母亲是自私的，自私守着自己的虔诚，他因此更忌恨上帝。尼采对于女人的嘲讽与蔑视，实际上表现了对自己的厌恶，他是在嘲笑和反抗自身的女性特质。

他深爱父亲，从小希望以父亲为榜样成为一名牧师，他曾说过"不管我怎么谈论基督教的事情，我也不能去否定它给了我的精神生活中的绝大数经验，我希望自己永远也不会对它作出忘恩负义的事情"。父亲的去世带给他一生的遗憾，这个不可控的突然事件是他一直难以接受的事实，他对此有着小男孩一样任性的愤怒。他极力反对上帝、痛恨上帝，其实是在心理上表达着对父亲的不满和恨意，为什么在他没有准备好的时候，就抛弃了他。父亲是传教士，是上帝的代言人，只要跟象征着父亲的上帝战斗，父亲就永远不会死，永远活着。

早年丧父给尼采留下了终生渴望被照顾和保护的阴影，他一生在寻找一个强大的父亲。他曾写下了一首题为《献给未知之神》的诗："我要遁逃到你的身边，孤独地高举我的双手。在我最深的内心里面，为你庄严地建立祭坛。"他最初将这种渴望寄托在了上帝身上，后来转向了瓦格纳。可是他一次又一次失望，最后，只能自己造了一个上帝——他理想中的父亲形象：超人。

五岁的年龄，正处于俄狄浦斯期，那时他象征性地战胜了父亲，赢得了母亲，也许还有一种"乱伦禁忌"中的恐惧情绪。父亲的死，母亲补偿般加倍的爱，给他带来一种内疚心理，好似父亲的死是因自己而起，似乎是上帝的惩罚。他内心有着剧烈的冲突，这种冲突和焦虑带来的痛苦爆发了尼采的创造力。如何能避免惩罚，只有自己变成上帝，最全能的存在；只有把一切战胜，才能占据至高点。

原生家庭对尼采的伤害，还来自于他与妹妹的乱伦，这对于一个基督徒家庭来说是不可想像的罪恶。尼采在听到妹妹伊丽莎白要写对他的印象后，说了这么一段话："我一直努力想象着：我的妹妹能够告诉世人有关我的什么事情呢？难道她会告诉世人说，在童年时，她习惯在星期六的早晨爬上我的床，玩弄我的生殖器，过一段时间之后，养成了一种将我的生殖器视为特别玩具的习惯？难道她会告诉世人说，有很多年的时间，她以自己美妙的手指缠绕我的感官世界，迫使我进入一种早熟和无望的性觉醒状态？所以有一整段时间，我只能根据她的眼睛与可咒的美妙的手指想到美与快感？还有，在她重新塑造了我的生命之后，我只能期待头痛与一个妹妹，无法期待那造访每个正常青少年想象力的奇异女神？"

妹妹的行为让尼采陷入了极大的罪咎感和自我否定中。精神分析理论认为，男孩最早的爱欲对象常常是具有乱伦性的，这些对象往往是他的母亲或姐妹，只有逐渐排除这些乱伦意识个体才能恢复健康地成长。而尼采的生命在这种乱伦中停滞了生长，造成了心理的畸形。幼年时期和自己妹妹的亲密性举动，在青春期仍无法停止，尼采超出常人的性欲让他无法战胜生理上的需求，沉醉在这份亲昵带来的快感中；但人伦道德和内在天性的良心带给他巨大的痛苦和折磨。他也无法面对这样的妹妹竟然虔诚地信奉着上帝。对此他的解释只能是，基督徒是道貌岸然的，基督信仰是虚假的、自欺欺人的，基督是应当被大肆批判的。只有背弃信仰，才能让自己的良心不至于被自我谴责撕碎。

妹妹污浊了尼采的灵魂，让他在心智和心灵上成为了一个无助的阉人，她用性将他控制，成为她意志的奴隶。与妹妹亲密又压抑的两性关系，使得尼采对性的渴望发生了扭曲，他对女性的认识也是畸形和可怖的。罗素在《西方哲学史》中认为尼采许多理论都是出于心理病态，如恐惧、憎恨、虚荣、白日梦、假爱生活等。女人成为了他终极的快乐，也成为他绝望的来源，他只有通过征服女性才能将控制权重新找回到自己手中。

乱伦和爱无关，和美好的情感无关，它像一座枯井，那里充满了干涸和腐烂的气息。尼采退缩进内心的失望中，有罪的吻挡住了生命的每个出口，恐惧和憎意凝固在空气中，尼采所有的爱和激情被谋杀了。

在尼采写作的黄金期，他遇见了莎乐美，他心中的女神。莎乐美只是崇拜尼采的才华，将他视为精神导师，但尼采却误会她爱上了自己。莎乐美拒绝了尼采，她独立的人格让她决意要远离婚姻。尼采那么渴望爱，需要异性的慰藉、灵魂的拥抱，可是他怎么也不能打动他所追求的女性的芳心。在尼采一生中，这不是唯一一次被拒绝，而是每一次他鼓起勇气去追求的时候，都会遭到冷遇和拒绝。尼采因为女人痛苦了很久，一蹶不振，失望和愤怒继而让他认为女人只不过是被怀孕的欲望所驱使的"疯狂的小野兽"罢了，并以此告诫人们要远离女人。

在《查拉图斯拉如是说》中，尼采公然表达了很多对女性的蔑视和不满，最著名的一句是"你要到女人那里去吗？别忘了带上你的鞭子"！这条尼采的"鞭子"究竟是一条怎样的"鞭子"？它刻下了妹妹对他的强暴与蹂躏，它装满了被女人拒绝的耻辱和羞愧；这鞭子被尼采的恐惧、厌恶甚至憎恨的颜色涂满，它是一条奴役的鞭子，困锁着他脆弱不堪的灵魂。在和莎乐美最后的合影中，在摄影师拍摄前一秒钟，尼采突然跑到莎乐美跟前，把一根自制的马鞭塞到莎乐美的手中。她禁不住他苦苦哀求，还是扬起了鞭子，照片定格，留给了世人无尽的思考。

尼采甘愿被莎乐美用鞭子驱赶，那么"带着鞭子去女人那里"便不是去鞭打女人，还有可能是用鞭子抽打自己。尼采内心深处压抑的情欲波涛汹涌，他内心极度渴望去战胜女人。为了战胜自己内心对性的渴望，避免在女人面前表现得脆弱和卑微，他要用鞭子拾起自己理性的尊严。这种在生理和心理上对性的固执以及扭曲最初也来自于原生家庭兄妹关系中的破坏力。

尼采是疯狂的，他的理论也同样疯狂。他的"群畜"思想被希特勒利用，解释为劣等民族。尼采癫狂的思考认为，最恶劣的人群是患病的人、残疾群体、瞎子和哑巴等，希特勒残杀犹太人的理由就来自这个理论。尼采后来被法西斯主义者誉为思想先驱，纳粹几乎把尼采的思想全盘吸收，希特勒在墨索里尼生日时也不忘送他一本《尼采全集》。希特勒运用尼采的"善恶观"及"超人观"，孕育出自己的"强人政治""优生学"及"种族歧视"理论，在人类历史上留下了永远的耻辱痕迹。

尼采骄傲地认为自己的思想是绝对真理。他的自我中心，让他得出一个荒谬的理论，他不能证明的事情，就是不存在；上帝超过他的认知范围，可他却把上帝限定在他的认知之内，这样，他就是上帝的神，而非上帝是他的神。上帝之所以是上帝，就因为他的道路高过人的道路，他的意念高过人的意念。即使尼采一生都在抨击、质疑、攻击、诋毁上帝，而静默不语的上帝更在此中显示出他的忍耐和谦卑，这是尼采不能理解的。

尼采在自传《瞧，这个人》中有这样一些刺激人的标题："我为什么这样明智""我为什么这样聪颖""我为什么如此伟大""我为什么写出了这么多的好书"……假如不了解他不幸的一生，可能会把这种态度视为狂妄。理解了他，就知道其中包含着无尽的痛苦和对痛苦的抗争，因为这个把自己逼向癫狂的天才始终未得到来自人间或者天上的爱。他的病历上写着——"病人喜欢拥抱和亲吻街上的每一个行人"。

孤独使尼采疯狂，讽刺的是，最终结束这孤独的，也是他的疯狂。

2. 童年被抛弃的孩子——孤独症患者牛顿

伊萨克·牛顿生于1642年的圣诞节，在世人欢庆耶稣诞生的日子，他来到这个世界，降生在英格兰林肯郡乌尔斯。

爱因斯坦说："在人类的历史上，能够结合物理实验、数学理论、机械发明成为科学艺术的人，只有一位——那就是牛顿。"牛顿发现万有引力定律；发明微积分；首先提出可见光是由红、橙、黄、绿、蓝、靛、紫七个分光组成；他将数学导入科学，使物理、化学成为更精确的学问；牛顿的力学三定律奠定了数学成为描述宇宙运动的语言……种种杰出成就，为他赢得"历史上最杰出的科学家"与"近代物理学之父"的尊称。

但我们往往过于看重牛顿的杰出成就和天才的一面，而忽视了这位学者罕为人知的内心世界，他如隐者般独居的生活，他的孤独、不安、忧郁和神经质般的紧张。循着这些生命表征的异象，我们回归到他的原生家庭。

牛顿是"遗腹子"，在他出生前3个月，父亲就去世了，牛顿从未见过他亲生父亲，也没有像其他孩子那样拥有过父亲的爱和教导。3岁时，母亲改嫁给一个有钱的牧师，继父并不接受牛顿，他要求牛顿的母亲把牛顿留在外祖母家。

尽管母亲的新家距离祖母家并不远，但牛顿与母亲的关系却一直非常生疏。后来提到这一段过往时，牛顿承认青年时期的自己曾经一度特别愤怒，甚至有过想要一把火烧了妈妈和继父房子的疯狂念头。直到牛顿11岁时，继父过世了，母亲才搬回来住。

牛顿是一个早产儿，他生下来时瘦小得惊人，小得可以装进一夸脱的马克杯中，能存活下来本身就是生命的奇迹。幼时的牛顿，就表现得与周围人格格不入。他不爱说话，很少与别人交谈，对别人的批判也过于敏感，经常会与人发生争执；常常神游物外，对学校的功课或身边事经常置若罔闻。这样的性格，根源于孤独的童年，这与牛顿幼时遭母亲遗弃、缺少母爱和冷漠的成长环境有关。

被孤独感围绕的牛顿，因此将自己献给了唯一不会抛弃他的父亲——上帝。牛顿曾说："与神的伟大创造相比，我只是一个在海边拾取小石子和贝壳的小孩子。真理浩瀚似海洋，远非我们所能尽窥。"

他的课堂笔记也随处可见他记下的祷告，他大学二年级时写下："上帝啊！若我心偏于邪恶，请勿成全我；不容我单靠自己的信念去生活；不以爱上上帝做我不爱人的籍口；不是为得祝福来跟随你；不是只在教会中渴慕你；……让我做个敬畏你的人，且因着敬畏你，而不畏惧人。"牛顿自知自己的骄傲、孤僻，没有安全感，他也时刻与这些内在自我进行抗争，他想依靠上帝给他的力量去克服这些根深蒂固的缺陷。

牛顿的母亲个性极为强悍，而且缺少智慧、没有远见。她完全不了解自己的儿子，也不能支持儿子喜欢的事情。她希望牛顿在家务农，赡养家庭，因此，在牛顿15岁那年妈妈决定让牛顿退学回家种地；可牛顿让母亲大失所望，事实证明，他完全不是务农的料。他爱读书到发狂，一有机会就钻进书堆里，喜欢沉思，做科学小实验。史密斯牧师送给牛顿一大堆包括圣经、神学、诗歌、数学、历史、法律、机械等类的书籍，这个小宝藏成为牛顿童年最大的快乐。每次母亲叫他同用人一起去市场上熟悉交易时，他都一个人躲在树丛里看书。一次，牛顿的舅父跟踪牛顿去市镇，发现牛顿躺在草地上，正聚精会神钻研一个数学问题。牛顿那种专注和好学深深打动了舅父，舅父劝服母亲让牛顿复学，牛顿才有了上大学的机会。

由于母亲的不理解和阻止，导致牛顿比正常时间延迟一两年才入学。他受伤的自尊心一直都没有被医治，他需要消除掉任何一个威胁到他安全感的东西，以此来支撑和强化自己的内部力量，稳定情绪。他无法确认自己是否值得被爱，无法从心里完全接纳自己，即使他获得了骑士的荣誉、皇家学会的主席身份以及世人的崇拜，都不能代替母亲抛弃他带来的伤害。

其实牛顿从小就表现出天才的一面，只是母亲没有放在心上。牛顿12岁时进入格兰瑟姆镇一所学校。一次学校要求做风筝，其他同学立刻动手去裁纸、绑支架，但牛顿却在书桌上放了一张纸画了起来。他在仔细设计风筝的尺寸，计算数据。因此，他最后一个交上作业，但是试飞的时候，所有人都大跌眼镜——牛顿的风筝像施了魔法一样，飞得那么高那么快。

因为牛顿的信仰，他会经常忏悔，把自己的罪写下来，祷告寻求主的赦免。孩提时，牛顿曾写过"在主的家里吃苹果""安息日装设老鼠陷阱""安息日洒水"。他对自己要求极为严格。另外他还记录过偷吃东西，有"不洁的想法、行为与梦"；记录最多的是一些对自己心理的剖析，如没有价值感、害怕受到惩罚、恐惧未来可能出现的灾难。

他从小性格就极端谨慎、易恐惧和多疑，在成年以后的大部分时间他基本也是离群索居。"真理是沉默与冥想的产物。"奉行以上信条的牛顿在剑桥读书期间几乎把自己封闭起来，每周工作七天，每天强迫自己伏案头十八个小时，只通过印刷品或手稿与外界交流。而在当时复辟的"快活王"查理二世的影响下，疯狂的派对与昼夜的饮酒作乐在剑桥校园里颇为盛行，牛顿简直是异类。

牛顿始终无法相信别人，这与早年被母亲抛弃，被剥夺母爱有关。他不能接受别人的批评，别人给他的提议，他都会当成对他这个人的否定和伤害。随着孤僻和多疑而来的是，他不相信感觉，即使处理的不是数学或物理现象，也杜绝比喻和形容词。

人不是孤岛，人之所以为人，就是在和其他人的互动与关爱中体会和实现人生的意义。有过被遗弃经历的孩子，成年后在亲密关系方面往往会出现严重问题；牛顿就是如此，他几乎和任何人都不能建立亲密关系，对他人的不信任剥夺了人与人亲密接触的共同基础。牛顿说，他的最高目标是，用思想去关照世界，任何主观的东西都要放在一边。其实这源于他内心的恐惧感。如何保护自己不被抛弃？最好的方式是断绝一切连接。

对大多数人来说，长期摆脱情感需要，压制人本性的亲密感的需求，显然不是一件易事。往往在那些抽身思考而缔造伟大的人身上，能看到这种孤独的特质。除牛顿以外，休谟、康德、叔本华、霍布斯这一类天才型人物，不乏这种现象，他们或独身主义，或同性恋，或有着极其短暂的恋情。他们把感情上的孤独、性方面的冲动、人际关系的需求，转化到无止境的思考和追求心灵高度上面去，不断压制与不断转化能量，是他们在思想上能达到惊人高度的一个原因。而牛顿，把这些需求，转化到了对科学的思索和祷告生活上面去。

牛顿就常常花大量的时间一个人祷告默想，在这种静思中有很多科学的灵感出现。1655年，英国发生可怕的瘟疫，大学停课。在两年多无课可上的日子里，牛顿却拥有了更多祷告与长时间默想的机会。据好友所说，他确实由于花园里掉落的苹果想到了万有引力，引发了一系列改变科学界的事件。纽约大学历史系教授曼纽，1968年在他所著的《牛顿传》中写下："近代的科学是源自牛顿对上帝的默想。"

牛顿几乎所有的时间都在搞学术和思考，很少拜访别人，也很少有来访者。人们看不见他休息或消遣的身影，而骑马、跑步或打球这类的运动也被他视为浪费生命。讲座时，即使没有几个听众，他也毫不在意，对着墙壁讲，做起研究连吃饭也不当回事。他对仅有的几个朋友也非常冷淡，脾气古怪。这些表现，都很类似于孤独症（孤独症又称自闭症，或孤独性障碍等，男性中多见，起病于婴幼儿时期。主要表现为不同程度的言语发育障碍、人际交往障碍、兴趣狭窄和行为方式刻板）患者。

在1692~1693年，牛顿确实出现过一段特殊的癫狂期，当时刚满50岁的牛顿，和朋友断绝往来，躲进自己的角落里，指责身边的人设计陷害他，说从此不再与人交谈。他的精神失常，有可能与长期抑郁及偏执有关，也可能与性压抑有关，或者与后期他从事的神秘炼金术有关，我们无从得知，但能确定的是，一定和原生家庭母亲离弃他带来的伤害有关。

精神分析之父弗洛伊德在20世纪早期就强调了儿童早期经验对人一生发展的重要性，指出个体成年以后产生的心理问题大多源于幼年没有解决的内心需求与冲突。早期的情绪创伤会潜伏于潜意识，影响着成年以后的情绪情感和行为方式。

婴幼儿早期没有得到很好的照顾和关爱，环境没有促成个体达到人格和心理的成熟就会导致自闭症。个体的人格，是在和母亲的逐渐分离以及个体自主性发展中形成的。母亲可以在早期充当婴儿的辅助性自我，帮助其承担一部分压力和挫折，使其能逐渐从母亲的心理融合状态分化出来。而如果没有母亲的保护，为了适应外部环境，自我就会过早出现，从而形成假自体，表现得超乎强大而违背本能。个体能量的提前预支，就有可能导致成年以后能量的不足。

早期亲子分离会导致孩子无价值感的出现：父母不在身边的孩子很难得到认可和赞美，难以形成稳定的价值感，会认为自己没有价值，自身价值需要外界的物质、权力、地位来证明。这种无价值感也会导致人格发展的偏离。正如牛顿自己的记述，年轻的时候，他就觉得自己一无是处。他的成就，多少与他的野心有关，从成就上取得自尊所需要的资源，因此就不必诉诸人际的感情。

从这次癫狂之后，牛顿像换了一个人，开始追求名利。这也印证了他寻找成就资源去弥补心灵创伤的事实。1689年牛顿当选国会议员；1696年被任命为皇家铸币厂主管（任此职一直到他去世）；1703年被选为皇家学会主席，任职长达24年；1705年，牛顿被安妮女王封为爵士；1727年，以85岁高龄去世，被安葬于英国威斯敏斯特教堂。牛顿的外甥女婿康迪特（皇家学会会员）请当时著名诗人波普为他写了墓志铭，波普是这样赞颂这一伟人的："自然与自然的定律，都隐藏于黑暗之中。上帝说，让牛顿去吧！于是，一切成为光明！"

牛顿终身未娶，孤独到老；他远离人群，在精神世界里一个人面对沉静的一生。也许只有这样，他才不至于害怕，因为一个人的世界里，永远没有抛弃和拒绝。

3. 写在骨子里的虚无——人间孤儿川端康成

　　1899年，一个孱弱瘦小的早产男婴降生在日本大阪市北区的川端家，家人希望他可以健康成长，给他起名为"康成"。这个名字真的一直守护他，即使命运起落浮沉，即使孤身一人，流浪漂泊，在苍茫世间还有他的一番天地；在他所爱的那个文学世界，有他留给世人的一片灿烂星辰。他最终成为首位获得诺贝尔文学奖的日本作家。

　　川端有着常人无法想象的孤苦寂寞的童年。2岁时，父亲患肺结核去世；翌年，母亲因长期伺候父亲也身染肺结核不治而亡。父母双亡的川端与祖父母一起生活，但7岁时疼他的祖母也离他而去，祖母过世后的第三年唯一的姐姐芳子也患病身亡。至亲一个一个离去，只剩下他与耳背眼瞎的祖父相依为命，可这最后的陪伴也在他15岁那年离他而去。从此，天地间只剩下他一个人。

　　文字成了川端书写情感的方式，那里有着对亲人的思念，也有着对自己的安慰。他在《祖母》中回忆到："我小时候身体好像非常虚弱，好不容易活下来，全靠祖母的力量。人们常指着我说，娇惯到令人皱眉的地步。"一次因为川端淘气，生气的祖父提起身边的热水壶想要打他，因为白内障无法看清开水已经倾倒出来；祖母不敢阻止脾气不好的老伴，但又心疼川端，就用自己的身子去抵挡那滚烫的开水，任凭开水洒到自己的手臂上。祖母的疼爱越是一种安慰，离去的时候就越加疼痛，最爱他的那个人在七岁时从他的世界里永远地消失了。在这一次次的打击中，川端的心更加苦涩而封闭了，他悲伤地写道："祖母临死那天，说是脚冷，让我给穿上袜子，盖好被子。这是祖母第一次，也是最后一次让我替她做事。"

后来的那么多年，川端康成和祖父相依为命。每天放学，他进门都要大声喊着"我回来了"，可是一直喊到祖父耳边，他才会"哦，是吗"地回答道；接着就是一成不变地为祖父翻身、接尿。那个孩子将尿瓶放在没有知觉的祖父下身，几度等待之后，终于在"啊、啊、太疼了、哎呦"的痛苦不堪的呻吟声中，听到瓶底好像有溪流的水声。这是川端日记中的一幕。对那个14岁的少年来说，他到底在面对怎样的人生？他唯一的亲人瘫卧床榻、半聋半盲、行将就木，川端只能看着他的生命一点点干枯、消逝。可即使如此，即使看着祖父在生命的最后还要遭受痛苦和折磨，即使自己时时被绝望的孤独环绕，川端仍然心存侥幸，因为祖父还没有离去。"有时以为祖父的眼睛再也不会睁开，却偶尔开了一条缝儿，竟像一道光直射我的心房，令我高兴。"

祖父母除了陪伴，也存在各样问题，这也影响了川端康成一生的性格。他们对川端过激的保护，不健康的溺爱，使得川端7岁还不会自己吃饭，需要祖母亲自喂；衣服容不了半点油渍，导致了成年以后的"洁癖"，这些都是在原生家庭的环境下染上的。

川端自幼体弱，多半是早产的缘故。祖父母怕他出什么差错，就整日不让他出屋；他大多数时间都是自己玩儿，不知道如何与同伴相处，甚至都不知道外面的世界是怎样的。他在日记中写道："在上小学的开学典礼上，一进礼堂，我便恐惧至极，大哭起来。我觉得惊奇，这个世界上居然有这么多人。原因在于，我和祖父、祖母长期闷居家中。"

和年迈的老人常年在一起，这种生活方式也让川端喜欢独处并且自闭，滋生了社交恐惧症。"我讨厌与人交往，常常借故停学。然而村与村之间比赛儿童的上学出勤率，依照惯例，大家便来劝我上学。每当孩子们一拥而至时，我们家便关紧窗户。老人与我三人缩在角落里，一声不响，孩子们齐声叫喊，我也不应声。孩子们便乱哄哄骂将起来，用石块投掷窗户，并在上面胡乱涂写。"吵闹的人群对川端来说是可怕的回忆，以至于他获得诺贝尔文学奖之后最怕的事情就是人们的蜂拥而至。他得奖后对妻子说的第一句话是"找个地方躲起来吧"。

川端向来不爱上学，但成绩很好，曾以状元的成绩考入府立中学——茨木中学。在中学，他的写作才华就已展露出来，现在茨木中学的校史档案还收录了川端初中时的文学作品，他的诗和文章。经历青春期的川端渐渐依靠写作疏解自己的情绪，在那些不为人知的苦涩记忆中，他用笔书写着自己，寻找着自己。孤独渐渐成为他的一部分，他痛恨孤独，又依赖孤独，似乎只有在无人之处、自然之间，才能彻底放松，做个纯粹的自己。

长大成年后，川端康成恋爱了，他找到了一种出口来释放悲情，似乎这样能减轻他的自卑感与孤寂。他说："我没有幸福的理想，恋爱因而便超越一切，成为我的命根子。"爱情成了川端康成对这凄凉人世间唯一的眷恋和期待。

他拥有的第一份恋情是少年时的一段同性之爱，与室友小笠原的恋情，被川端看作自己的初恋。他在《独影自命》中回忆道："我在这次的爱情中获得了温暖、纯净和拯救。从那时到我五十岁为止，我不曾和这样纯情的爱相遇。"川端从小没有得到过肌肤之爱，在小笠原那里得到了补偿；更重要的是，小笠原纯洁的爱和母性般的温柔使川端感到自己的孤儿根性得到了净化。生病时，小笠原悉心照顾和虔诚祈祷，使没有得到过母爱的川端深受感动。"我感到你是我这种人的大救星……你是我人生的一种新的惊叹。"这种关系为川端孤儿般的内心带来了无比的愉快和温馨，使他暂时逃离了自我厌恶、自我摒弃的消极心态，从中也能看出他是多么渴望来自家庭的温情。

恋爱似乎是川端观念的畅游，成为他虚幻的梦的游戏。他骨子里的自卑告诉他，所谓爱，并不一定是为了开花结果，更像是一种远远眺望的禁忌的美，这形成了川端文学中一种哀愁、清洁的情调。成名作《伊豆的舞女》中就描写高中生"我"与舞女熏子在伊豆汤岛邂逅偶遇的故事。少男少女纯粹的心灵之爱，没有任何物欲和利益混杂的纯洁的感情，川端康成把内心最渴望却始终没得到的东西在文字中诠释出来，他重新建设了一个世界，这里面有他从来没得到过的爱和温暖。这种创作动机就来自川端幼年在原生家庭中缺失的幸福。

川端小说中的恋情，更多是一种自我救赎的存在，是川端孤儿生命的寄托，是诗化了的缺失体验。在这种向往中，诞生了一种纯粹的、温暖美好的、对生命活力的憧憬。恋爱成了川端小说中无法割舍的主题，那是川端对逝去父母的留恋，对爱和纯真敏锐的感应。

由于川端虚弱的体质、在没有女性气氛的家庭成长，这些特殊的孤儿体验，使得川端作品中表现出对健康、纯洁的少女的憧憬，少女光洁青春的一切，弥补了川端对生命力的渴望。另一方面，川端又非常渴望母性的温暖。因此在感官与纯洁、少女与母性之间，川端进行了融合。缺少母爱的孤儿也憧憬着母性的温暖。川端没见过母亲，所以他的作品大量流露出恋母情结：《千只鹤》中菊治对父亲的情人太田夫人的爱恋；《湖》中的银平因为不希望失去母亲等原因而爱恋她的表姐；《睡美人》中的江口老人在沉睡的美女身旁脑中不禁浮现出母亲的形象，等等。这些女性多具备美丽、温柔、圣洁并充满母爱抚养者的资质，这些特征很明显地在融化自我、宽慰受伤的心灵方面起着不小的作用。

童年孤儿生活的经历所导致的失落感、自卑感、空虚感，积淀在深层心理上形成一种虚无感，形成了川端文学作品中的虚无主义。他晚期的作品，往往以忧郁、感伤、虚无为创作基调，游离现实之外，执着于超现实境界，《睡美人》即这一类作品的代表。《睡美人》的主角是一位丧失了性机能的老人江口，他与睡美人俱乐部中的六个少女的接触是小说的主线。少女们因为吃药而暂时处于无知觉的状态，老人在旁边欣赏，回忆过去的人生喜悦；他们之间没有感情和心灵的沟通，完全是单方面情欲的满足，暴露了人性本能的阴暗。而川端康成本人即使年过六旬，也并未因衰老而放弃追求情爱。

据弗洛伊德精神分析学理论，"得不到父母健全美好的爱与呵护的儿童将无法成为一个相对健全的成人"。人本主义心理学家马斯洛认为："一个人的童年经验、两岁以内的爱的教育特别重要，如果童年失去了安全、爱与尊重，是很难成为自我实现的人的。"

川端康成的原生家庭剥夺了他的自我正常健康生长的权利，没有得到爱的孩子孤独地开始了在成人世界中的流浪，很难融入正常的人际关系。这样孤弱的孩子只能在写作这个狭小的空间里宣泄自己被封闭压抑的能量。他经常通宵达旦地写作，即使感到疲劳也勉强支撑，宣泄他的不幸、孤寂、恐惧、不安。写作可以暂时缓解他的压力，但不能医治和引导他拥有完满的人性，不能让他从此就获得个人与社会之间的健康均衡关系。川端康成最终将写作视为自己用来抗拒黑暗和虚空的私人宗教，而这黑暗宗教也在自我毁灭的路上越走越远。

原生家庭带来的孤儿的忧郁和悲哀，让川端康城慢慢变成了一个固执而扭曲了的人。晚年时，他的精神负担越来越重，神经脆弱不堪，完全靠服用安眠药来维持生活。药量逐渐加大，他开始整天处于幻觉中。也许，心甘情愿进入长眠，对他来讲比活着要承受这样的痛苦好得多，所以选择自杀似乎就成了他注定的归宿。

　　1972年4月16日，川端康成在工作室含煤气管自杀，未留下只字遗书。他早在1962年就说过："自杀而无遗书，是最好不过的了。无言的死，便是无限的活。"

　　川端康成的自戕方式扭曲恐怖，既激烈又残忍，似乎那口里含着的煤气管，是他性压抑的最后发泄，也是他对生命不公的最后闷吼。他的性饥渴始终不是单纯的生理需要，他真正缺少的是燃烧他灵魂的爱情，这爱要像熊熊火焰一样炽热明媚，才能让冰冷孤寂的内心感到自己还活着。内心对爱的极度缺乏，导致了对爱的极度渴望，随着时光推移，这爱的空洞使得这渴望越加歇斯底里，越加贪得无厌，越加无法满足。似乎只有激烈的死亡才能证明他对无限的活的渴望，他只有结束这一切。

4. 孤独岛上的雕塑家——亲密关系逃离者米开朗基罗

米开朗基罗，提到这个名字，我们会想到文艺复兴"三杰"，与达·芬奇和拉斐尔齐名，在雕塑、绘画、建筑、诗歌等众多艺术领域取得了辉煌的成就。在迄今为止的人类文明史上，这是十分少有的。但我们不熟知的，是他苦难、孤独的一生，是他崇高的艺术成就背后受尽折磨的精神世界。

1475年3月6日，米开朗基罗出生在卡普莱斯，贵族出身的他，父亲是市长，其先祖可以追溯到亨利二世的妹妹。然而，出身高贵的米开朗基罗却被父母送到附近的赛提雷诺镇，由一位奶妈喂养，这一去就是十年。他在另一个女人的怀抱里长大，没有体会过母亲专注充满爱的眼神，没有吸吮过亲生母亲的乳汁，他10岁回来的时候，母亲已经病逝了。对他来说，父母是完全陌生的，从小陪伴他的人是奶妈和她的丈夫，那才是他生命中唯一的亲密感。

塞提雷诺镇盛产大理石，岩石到处都是，很多雕塑家到这里完成艺术作品。敲打岩石的叮叮当当的声音，印刻在米开朗基罗的记忆里，伴随着他的成长，成为他对这个世界最初的认识。那是他与这个世界唯一的链接，这种声音让他有安全感，知道自己是被保护的，被照顾的。他曾回忆说："正是奶妈乳汁的哺育，使我学会了用凿子和锤头来制作雕像。"

10岁的米开朗基罗回到父亲身边，那是他人生悲剧的开始。母亲去世，父亲续了弦。弱小的孩子带着愤怒和不解，却无处发泄；他不能明白为何父母不要他、不爱他，但是他已经永远不能从母亲那得到答案。从此，他把自己的苦闷和抑郁转移到热爱的艺术上去。不幸的是，他爱艺术，却被专横的父亲视之为误入歧途。暴躁蛮横的父亲时常对米开朗基罗大打出手，拳棒交加。他不但没有因为这十年没尽到父亲的义务而想关心弥补儿子，反而对米开朗基罗施加暴力，以自己家族出现一个艺术家而感到羞耻。

然而，拳头和棍棒让米开朗基罗越加叛逆，疯狂的他决不妥协，最后父亲只好作罢。13岁时，米开朗基罗去佛罗伦萨学画，14岁开始学雕塑。后来的十多年时间，他都在美术学校当助手，学了很多本领，为他成为伟大的艺术家奠定了基础。

24岁时，米开朗基罗去了罗马，做为雕塑家开始从事创作，创作了著名的雕塑《大卫》和壁画《圣家族》，又为教皇在梵蒂冈的西斯廷小教堂画壁画，用了4年多时间，凭一个人在500多平方米的天顶上画了343人。米开朗基罗画的人物充满力量，善于表现丰富的运动，人们从中感受到对人类的庄严颂歌。

即使取得了如此高的成就，被人们尊为"圣米开朗基罗"，但他却越加抑郁和古怪。他几乎没有什么朋友，和亲戚们也多有争执；他内向、偏执、我行我素，在旁人眼里，一直是孤芳自赏、生性乖僻、疯疯癫癫的形象。他处于极深的性格矛盾之中，一边高傲自大，目中无人，一边又顾虑重重，时常软弱。他孤身一人，时常陷入无边界的胡思乱想中，甚至有绝望的念头，多疑、不安，俨然一个神经过敏的人。这种矛盾分裂的性格，来自他生命的头几年，来自拒绝他、遗弃他的原生家庭。

内心那个被送走和被抛弃的孩子，让他处于一种极度不安与怀疑中，没有安全感。他猜疑敌人，猜疑朋友，猜疑亲人，陷入无端猜想中，受尽无谓的心灵之苦。一次，因信了朋友讲的可怕梦境和神秘预言，他居然相信大祸将至，仓皇逃跑。这种因想象而仓促逃命或准备好了面临死亡的事件在他的一生中发生了好几次，事后，他也意识到自己行为的荒唐，羞愧不已。

25岁后，米开朗基罗的雕塑品轰动一时。他的父亲开始转变态度，但并不是认可儿子的才华，而是不断向他索取金钱。后来，米开朗基罗不仅要供养父亲，还要接济兄弟，甚至侄辈们。他一度为三弟、四弟买下商号，为五弟置办田产，可是他们放荡依旧，破产后又来榨取兄长的血汗。他的弟弟经常把他给的钱挥霍一空，又去罗马勒索他；有段时间，他父亲竟然从家里跑出来，说儿子把他赶了出来。对于家人的中伤和勒索，米开朗基罗一忍再忍，而这些人之所以一再得逞就是因为已经完全抓住了他的心理弱点——不懂拒绝。低价值感和不懂怎样与别人建立亲密关系，让米开朗基罗尝尽孤独的苦涩，因此，给家人们钱好像也是为着他自己，那是获取爱的一种方式，证明这个世界还有人需要他。

父母爱的缺失，和对他的遗弃，使他不能接纳自己，他出身高贵，却在卑微的石匠家庭长大，这一巨大的落差让米开朗基罗对自己的身份无法准确认同，这使他一生都处于内心的挣扎与分裂中。他反抗权威，实际是对父亲权威反抗的一种延伸，他从小就受到父亲这个一家之长的歧视，饱受父辈的压制。在他心里，他是石匠的儿子，处于被压制、被奴役的状态；但外在，他是家族的继承人，要延续家世的光荣。

他是一个孤僻的人，很少与人交往，他真正愿意倾心的人，都是一些极普通的人：门生、信徒、仆从乃至石工。他理解他们，因为潜意识里他认为他是从这些普通人中而出，是奶妈的奶哺育他长大。对身边的学徒及所有想求他指导的人，他诲人不倦、因材施教，耐心远远超出其脾气界定的可能范围，让人惊讶。在为尤利乌斯二世教皇建造陵墓时，他创作了一尊雕像《反叛》，魁梧结实的躯体，努力挣脱束缚，却不得伸展，只能向上天祈求。这似乎是他内心的呐喊。

米开朗基罗一生都不愿意承认他是一个艺术家，在给侄子的信中他写道："我从来不是一个画家，我不是雕塑家，我是做艺术商业的人。我永远保留着我家世的光荣。"他的贵族身份和他从小生活的背景格格不入，作为贵族，他应该是那个高高在上、享有无限尊荣的人，但他内心却是那个被奴役的、被忽视的自己。

内心分裂、压抑的痛苦无处发泄，无人可诉。渐渐地，他变得目光冷峻、言辞尖刻，心中的愤怒让他目光挑剔地审视生活，仿佛全世界都在和他作对；他性情孤僻，内心充满了矛盾，自负又自卑。米开朗基罗到处树敌，特别是在同行中，他对达·芬奇、拉斐尔一直充满了敌意，甚至不放过任何讽刺和奚落他们的机会。他曾尖刻地说："拉斐尔在艺术上懂得的那点东西不过是从我这儿学来的。"在他眼里，很少有看得上的艺术家。他的天才和古怪，让人侧目也教人生畏。人们敬他，也怕他；爱他，也嫉恨他。崇拜、追随者有，诋毁、攻击者亦有。米开朗基罗当年为佛罗伦萨市政厅所作壁画《卡西纳之战》的草图相传就是被一个嫉恨者班吉涅里割成碎片的；后来在梵蒂冈米开朗基罗也遭到建筑师布拉曼特的多次暗算；作家阿列蒂诺对他污蔑诽谤；他与公爵、主教、教皇之类权贵，就更难相处了。

他不懂如何与别人相处，痛恨社交，他说："我没有朋友，也不想有朋友。"不仅没有朋友，与人也没办法合作，任何事都想且只能亲力亲为，这注定了他悲剧的人生。法国作家罗曼·罗兰在《米开朗基罗传》中写道："当他要建造什么纪念物时，他会费掉几年的光阴到石厂中去挑选石块，建筑搬运石块的大路；他要成为一切：工程师、手工人、斫石工人；他要独自干完一切；建造宫邸、教堂，由他一个人来。这是一种被判罚苦役的生活，他甚至不愿分出时间去饮食睡眠。"在米开朗基罗的信札中，此类描述也不罕见："我为了工作而筋疲力尽，从没有一个人像我这样地工作过，我除了夜以继日地工作之外，什么都不想。"

绘制《创世纪》的4年多时间里，米开朗基罗整个人完全处于抬头仰视的状态。《创世纪》完成后，他的身体健康状况非常糟糕，视力急剧下降，以致看东西或读信时必须将它们举在头顶上。对于如此宏大的工程，他本应该找一些人作为助手，但大部分找来的人都不能令他满意，最后他中意的只有一个调制颜料干杂活的人，绘画还是全部由他一人完成。

米开朗基罗完全过着清教徒式的生活，衣衫破旧到让人无法接受的程度。西斯廷教堂拱顶壁画的绘制让他那几年简直就等于生活在脚手架上。为了节省时间，他常常和衣而卧，甚至靴子都不脱。一次，他不得不脱靴子，但因腿脚肿得厉害以致卸不下来，于是用刀将皮靴割掉了，皮肉也随之剥落。他每天只睡几个小时，还经常半夜爬起，抓起笔或刀记下梦中的灵感，于是睡眠也成了苦楚。他几乎没有时间吃饭，每天三餐只不过是几片面包、几口酒。

他常常处于焦虑之中，在信中他写到："我急躁得要死，因为我那痛苦的命运不能让我随心所欲，我痛苦得要死……"他悲剧的性格，让他没有能力与其他人合作，他几乎被自己累死。他患有多种疾病，无不与劳心劳力有关，至少两次都差一点被死神夺取性命；晚年更是虚弱，经常被痛风症、石淋症折磨，常常晕倒，四肢痉挛。他像一座孤独的火山，最后在无限的压抑和隐藏的愤怒中爆发，之后是一片死寂。

其实，每个人都是孤独的，打破孤独的唯一答案是，与其他人或其他事物真切的链接。而米开朗基罗却切断了这唯一的答案，他的生命只能被孤独之钳扼住喉咙。肉体的疲累病苦似乎还可以忍受，但内心的忧虑会生出绝望、虚无，把人拖入精神的苦海。米开朗基罗一生不曾摆脱迷惘、疑惑、愁苦的情绪，似乎永远处在自我争斗中。

《末日审判》绘制期间，米开朗基罗从脚手架上跌下来摔成重伤，抑郁症因此发作。他躲开任何人，把自己锁在一间最隐蔽的屋子里，一声不哼，坐以待毙。幸亏深谙他脾气又细心的医生来访，觉得必有缘故，于是通过秘密入口逐间寻找。米开朗基罗看见有人来，大失所望，但这位忠实的朋友说什么也不走了，精心护理，直到确认他已经脱离危险。

晚年，死的念头时刻包围着孤独的老人米开朗基罗，他的心越来越阴沉，他说："没有一个念头不在我的心中引起死的感触……"他对残酷的世界灰心了，绝望了，他渴求死。他说："我永远是孤独的。"他写道，"太阳的光芒耀射着世界，而我却独自在阴暗中煎熬。人皆欢乐，而我，倒在地下，浸在痛苦中，呻吟、嚎哭。"

这种孤独和不可言状的忧郁正是来自他的童年和原生家庭。忧郁和"失去"密切相关，人心灵世界任何内容的失去，都会引发一些抑郁的情绪。能够正确处理的人，把这些抑郁的情绪倾诉、化解出去了，就不会留下伤害；不懂处理的人，只能压抑在心，压抑多了，就成了抑郁症患者。抑郁的另一个原因是改变。改变意味着要接受新的，放弃旧的，然而不管新的有多么好，丢失的那部分仍然可以让人陷入抑郁。

米开朗基罗经历的第一次抑郁是刚出母腹即被父母遗弃，第二次抑郁是离开唯一与他建立亲密关系的奶妈回到阴沉又充满暴力的家。第一次抑郁因为太小没有化解情绪的能力，第二次抑郁因为母亲的去世，父亲的强势，更无法沟通。这些情绪压抑在心里，生生成了硬伤，年头越长，内伤越重，到晚年就会爆发抑郁。

他孤独一生，没有尘世物质的享受，没有爱情，只有一段柏拉图式的恋爱，发生在63岁高龄之时。他内心那个不被父母接纳的孩子一直在对他说，"没有人爱我，我是个没人要的孩子"。他有一个安全岛，不是父亲母亲无条件的爱，而是他的艺术创作；所以他疯狂投入其中，不想出来。他不能正常与人建立亲密关系，因此也拒绝性爱。就其心理来说，这是一种对母亲的惩罚，也是对自我的惩罚。他说："我已经和一个女人——就是常常使我痛苦的艺术——结合，生育的孩子太多了。我的孩子就是作品，它们在我死后仍留于世。它们或许无所适从，却能万古存芳。"

这种普通人无法理解的孤独之苦，让他只能在上帝那里寻求慰籍。他的遗嘱是：把灵魂交给上帝，把躯体托付大地，把财产留给近亲……也许，到死他终于迈出了生命的孤独岛，建立了真正的亲密关系。

5. 爱不得的父亲，触不到的母亲——光绪悲歌

夜已深，四下寂静，孩童恬静地睡着。他并不知道几分钟以后，会有大批人马闯进自家庭院，目的是把他抱走，让他离开他熟悉的家园和母亲温暖的怀抱；他也不会知道之后他要穿上龙袍，被千万人跪拜，又被千万人耻笑，一生享尽荣华，也受尽侮辱；他更不知道，以后都难于见到自己的亲生父母，而要和一个强势凶狠的养母相伴一世。他至死孤独，无儿无女，连爱人的权利都没有。这个孩童名叫载湉，后立为帝，即为光绪皇帝。

1875年1月12日傍晚，年仅19岁的同治帝病逝于养心殿，国不可一日无君，面对朝臣们的滔滔舆论，慈禧做出了一个决定，坚持立自己的侄子兼外甥——4岁的载湉为帝。午夜，醇王府中，载湉正在甜甜睡着，一大队人马忽然涌入府中；载湉被吵醒了，还没弄明白怎么回事，就已经被抱出卧室，在寒冷的夜中瑟瑟发抖，哇哇大哭。

进入皇宫，一切都威严又可怖。惊恐的小载湉被叫去见太后。东宫太后还好，有些温柔，小载湉稍微安心；看到西宫太后，哇的一声又大哭起来——那是他第一次见慈禧，这个要做他养母的女人，他未来要叫"亲爸爸"的女人，他感受到她的不怒而威，心生恐惧。从此，他的人生由她来掌控，他不再拥有自由。

"湉"，意为"水流平静"。给儿子如此起名的父亲醇亲王，本来希望他可以一生安稳、平顺。可偏偏这个叫"载湉"的孩子被慈禧选

中，对父亲而言这是莫大的恐惧。醇亲王得知慈禧这个决定时，惊得当场失声痛哭，且"伏地晕绝"，因为以他对慈禧的了解，他深知自己4岁的儿子这么年幼就在其掌控下当皇帝，这绝非是福，而是躲不过的祸。

光绪皇帝的父亲，醇亲王奕譞，清朝道光皇帝第七子；其四哥奕詝，便是咸丰皇帝；其大福晋婉贞，为慈禧太后的胞妹。虽然身为王爷，但奕譞却丝毫没有政治野心，以"恭谨"闻名，政治对他来讲意味着风险和毁灭。而慈禧之所以选择载湉，除了因为他一张白纸似的年龄，可以任由自己想怎么画就怎么画以外，最重要的原因就是他的父亲符合慈禧的心意。对醇亲王而言，"雄心""功业"这样的词都离他很遥远，他没有功利心，听话好摆弄。慈禧交给他的任务，都完成得合乎她的心意和要求，他又知道和权力保持恰当的距离，所以慈禧对他很满意。

被选为帝，意味着光绪和父亲，注定不能像其他父子一样享受天伦之乐，不能一起下棋喝茶，一起谈古论今；他们的关系首先是君臣，然后才是父子。他父亲一生在儿子面前跪着称臣，他想爱儿子也只能默默放在心里，一点表现都是不合时宜，不被允许的。而母亲想看看自己的亲生儿子，不经过特殊手续，特殊批准是见不了面的；光绪不要说见到母亲，连吃生母送来的食物都被禁止。兄弟之间的亲密无间，手足之情也与他无缘。

慈禧性格强势，连亲生儿子同治都怕他，更何况对她并不熟悉的光绪。她不喜欢孩子，没有耐心和爱心，对待光绪就只有数不过来的要求。小小的孩子，每日就要担惊受怕，巨大的压力摧残着身心，人格自然不能健康地发展。

慈禧对光绪进行的皇室教育极其苛刻，她要将君臣慈孝体系全部传给光绪，将他的思想禁锢起来，套上精神枷锁。小光绪几乎每天都要经受严厉斥责，如果做错了事，更会被罚跪或者不让吃饭，大冬天甚至跪罚到昏过去。这种长年的压抑给光绪留下了不可磨灭的童年阴影，导致光绪对慈禧又恨又怕。有史书记载，光绪被囚禁在瀛台时，慈禧命人唤他来吃宵夜，彼时光绪已经用过膳，但却不敢不吃；吃过一碗慈禧又让他吃第二碗，依然不敢不从，只好偷偷将元宵倒入袖中，冬天寒冷，回到瀛台居所整个袖子早已结冰。

光绪自小身体就柔弱，三天两头生病，进宫之后，心情压抑下导致常年睡眠不足，头疼、痨症、脊骨痛等多重疾病缠身，但最重要的是他长期患有的遗精病，这也是他丧失生育能力的重要原因。

比身体更羸弱的是心性。慈禧喜好听戏，听戏时候一般都带着光绪。但她有意无意尽点一些恐怖的戏，如《天雷报》。这种戏完全不适合孩子听，再加上光绪本就敏感脆弱，精神上受到了极大的刺激，只要一打雷就会发作，情绪不可控制，极难平复。

光绪皇帝的性格，像水一样安静优柔，他无事时更喜欢自己闷在房里不出来，摆弄一下西洋玩具，拆拆自鸣钟；同时，又敏感脆弱，有时见到一只虫子，也要哭上半天。而这个养母慈禧，天性刚烈，永远精力十足，不知疲倦，像一团火一样燃烧着。他们两个人真所谓水火不容。太后不喜欢这个和自己截然相反的孩子，她认为男孩应该和她一样干练，做事一丝不苟，有毅力；而光绪喜欢慢慢做事，有时玩着玩着烦了就去做别的了。他似乎哪一点都不符合太后的要求，当他用期期艾艾、怯懦退缩的神情望着太后时，就让太后更加反感和气愤。

和这样一个强势的养母生活在一起，长期经受的孤独和无助，苛责和打击，使光绪精神不畅，身体更加虚弱。长期的不被认可，使他没有任何自信可言；没有来自父母无条件的爱的浇灌，没有包容作为阳光来普照，他的灵魂日渐枯萎。作为皇帝，他肩负着太多他没法承受的，他不允许有缺点和不足；他只有做到最好，才是应该的，有一点不好都会被全部否定。慈禧如此对待光绪，实属不公：她既要光绪能担当大业、刚强果断，又要他凡事听话，唯命是从，这本身就是矛盾的。而光绪永远无法符合她的要求，这注定是他的悲剧。

光绪的人生，没有一件事可以自己做主，就连婚姻、爱情也要受人摆布。光绪的（隆裕）皇后是慈禧的亲侄女，洞房花烛夜，光绪抱头痛哭，最终也没有与其同房过。他对妻子是有着很大隔阂的，很多话不敢和她讲，说了以后，怕报告到慈禧那里。他的婚姻生活也是一场悲剧。

还好，他遇到了珍妃，这是他苦涩一生中唯一的一抹亮色。珍妃小光绪五岁，和光绪不同，她出生在一个温暖有爱又非常开明的家庭，她身上的明媚气质吸引着光绪。因为家庭教育，她的性格开朗活泼，爱笑、爱运动，而且时刻对新鲜事物充满好奇。她爱摄影，在宫里拍了很多人物照。光绪对她一见钟情，有了她，再不想拥有其他女人。

珍妃于光绪，好似阳光一样照亮了他苦闷的生活，爱情让他开始有了希望和活力。光绪甚至想每日都有珍妃的陪伴，她进入光绪批奏折的房间，有时给他磨墨捧砚，有时陪他下棋。两人说说笑笑，谈古论今，说不完的话题，默契非凡。隆裕皇后和慈禧看在眼里，恨在心上。

在推行维新变法的整个过程，珍妃一直陪在光绪身旁，她是他的伙伴、知己，偶尔给他出谋划策。没有她，光绪无法顶住巨大的压力，实施变法。但随着变法的失败，大势一去，珍妃的厄运也来临了。《辛丑条约》签订前，珍妃被慈禧以"年轻貌美，必遭洋人侮辱，愧对列祖列宗"等藉口，投井杀死，而珍妃当时年仅24岁。

得知珍妃被杀，光绪受了极大刺激，身体日益羸弱。早已身当傀儡，失去自由，如今更是失去最爱的人，光绪已对生活绝望。

公元1908年，年仅38岁的光绪黯然离世，死时身旁无一个亲属或大臣。

纵观光绪一生，难免让人感到惋惜。试想，若他出生在一个正常的家庭，有父母的关爱，兄弟的陪伴，是不是就会成长为不一样的光绪呢？

曾任慈禧御前女官的裕德龄用英文写下的《清宫二年记》曾记录了在宫廷两年的所见所闻。她说光绪更像一个在封建家庭的旧制下成长起来的大男孩，在慈禧面前唯唯诺诺，离开慈禧的视线就变得开朗自由。她看到了光绪好学的一面，觉得他是非常有趣的人。

其实光绪有很多优点。作为一个帝王，他能接受新鲜事物，有一定的远见；他有着志向抱负，希望他的国家富强；他爱他的国民，每当遇到洪涝、饥荒时，都愿意竭尽所能去帮助他们。作为一个普通人，他也有着自己的喜好和特长：他热爱阅读，极富音乐细胞，没有学习就能演奏几种不同的乐器；他喜欢钢琴，对西洋音乐的品味也很好。

可他终究不能左右自己的命运。没有得到原生家庭无条件的爱，被苛责和鞭打着成长的他，成为了一个畸形的完美主义者。在消沉期间，他极度厌恶自己，觉得浑身上下无一可取之处；在振作时期，又相信只要毅然"改恶从善"，坚持到底，一切都会瞬间改观，自己也会变得异乎完美。这种矛盾的人格，让他无法在韧性和情绪上保持稳定的状态，一旦经受巨大的打击，就会被强烈的自卑击垮，无力东山再起。

戊戌变法是光绪最后的机会，越是没有自信就越想要证明自己，越被别人否定，就越叛逆，认为整个世界与自己作对；他要抓住这次机会向全世界证明自己。可这种冲动，终究太过用力和激进，不够理性，没有考虑当时社会的承受能力，像治病一样，直接把几年要吃的药在四个月时间全塞给了病人。变法运动最终失败了，一切都结束了。

　　那个小小的载湉不会知道，家庭环境的变化给他带来的是何等的伤害，不会知道长大后想要真正君临天下的时候，那种成长过程中深入骨子里的恐惧和阴影已经让他失去了独立行走的能力。

　　光绪是清朝第十一位皇帝，4岁登基，在位34年，享年38岁，他短短的一生留下的只有无尽的遗憾。

6. 被"阉割"的人生——溥仪的梦魇

因为到哪里都会遇到命案，名侦探柯南被戏称为"小学生死神"。不同于艺术家笔下的夸张，现实的生活有时更加离奇。在历史上有一个三岁的孩童进宫的第二天，就遭遇了当朝天子的蹊跷身亡；一天之后，又迎来了统治中国接近半个世纪的女人的离世。他不知道的是，他的死神生涯远远没有结束，三年之后，他还会见证整个王朝的覆灭。命运如梦魇般紧紧地罩在他的生命之上，也许，他从没有从噩梦中醒来过，他的人生从来没有完整过。他，就是末代皇帝爱新觉罗溥仪。

光绪三十四年冬，被从醇王府带走的小溥仪刚进皇宫就被领到一张黑漆漆的幕布前；那后面是一张可怕的脸，瘦骨嶙峋，那尖锐的眼神让小溥仪吓了一跳，若千年后仍忘不了那恐怖的场景。他哭着喊着，要奶妈的安抚："嬷嬷！要嬷嬷！"

在光绪、慈禧相继离世后，只有3岁的小溥仪继帝位，号宣统。

新帝登基那天，寒气逼人，小溥仪被按在皇帝的宝座上，下面是黑压压一片的文武百官。他不明白怎么回事，害怕得不知所措，嗓子都要哭破了，喊着："带我回家！我要回家！"

加冕于任何人而言都应该是无上的荣耀，拿破仑一世甚至用一副名画来纪念这闪光时刻；但溥仪的登基大典留给他的刺激与伤害却不亚于其人生之后的三次退位。这种场面和压力是一个小孩子无法承受的，溥仪受到了严重的刺激，幼小的孩子吓得下身都被小便浸透了，再加上天气寒冷，身心受到严重的创伤，这给他留下了一生的阴影。

进宫后，小溥仪孤身一人，无依无靠。突如其来的陌生又充满尔虞我诈的宫廷生活，对于年幼的孩子来讲是超出自身的耐受力的，这使得溥仪失去了一个人基本的安全感，形成被抛弃的极度恐惧，也形成了他"既想当皇帝，但又恐惧当皇帝"的矛盾的潜意识。

在宫里，亲生母亲不在身边，但是同时多了四位母亲，同治和光绪的妻子也都成了他的母亲。这些女人们各自都有对溥仪的管辖和控制权，其中以隆裕太后和端康太妃为甚。在这冰冷阴暗的皇宫里，唯有一个人让溥仪感到亲切，就是他的乳母。每次他脾气不好的时候，乳母就会喂奶来安慰他。直到他10岁，每天不开心都要喝乳母的奶。宫女们都躲着他，因为他认为只要是女人就都有奶可以喝，见到宫女也要喝奶，弄得宫女看到他就羞得抬不起头来。为了改掉溥仪这个毛病，宫里的妃子把溥仪的乳母赶走了，这导致了溥仪突然性格大变。最后的一点安慰没有了，溥仪的性格变得愈发分裂和扭曲。

除了乳母以外，溥仪身边的女人都是强势又伶俐的，这些女人塑造了他的悲剧人格。溥仪的亲生母亲为载沣嫡福晋苏完瓜尔佳氏，名幼兰，1884年生人。是慈禧太后的养女，荣禄之女，被称为第二春公主。为载沣生了二子三女，而溥仪是家中长子。

她是一个个性极为要强的女人，加之从小被慈禧太后接进宫中抚养，很有自己的思想。在醇王府，实际是这个厉害的福晋掌权。王府太监和奴仆们，都不怕载沣而惧怕幼兰。在《我的前半生》里，溥仪写道："我的弟弟妹妹们从小并不怕祖母和父亲，而独怕母亲。"她处处厉害，喜欢别人叫她"老爷子"。她和慈禧一样，喜欢别人把她当作男人来称呼。

幼兰还喜欢参与政治活动，而她的丈夫醇王则是一个本分之人，两个人性格形成鲜明的反差。作为前朝遗民的她一如金庸笔下的慕容复一样有着复国的梦想，甚至天真地希望借助袁世凯的力量来实现复辟的目标，可是终究没有结果。

　　溥仪11岁那年，又一次见到母亲，上一次是3岁离家的时候。溥仪在《我的前半生》里写道："母亲给我的印象就完全不同，我见了她的时候，生疏之外更加上几分惧怕。"溥仪毕竟是皇帝，人们见到他总是很谨慎，包括他的祖母和父亲。祖母喜欢溥仪，见到溥仪"眼睛总不离开我，而且好像总是闪着泪光"，想必有话但不敢表达出来；父亲就紧张到只会点头；而他的母亲却很淡定，总是以居高临下的态度，教训皇帝要做什么，不要做什么。

　　强势的母亲一般都有性格懦弱的儿子，更何况溥仪一直被更加强势的女人包围着。对溥仪早年生长环境影响很大的还有一个强势女人，慈禧太后。溥仪的两位叔叔都是由慈禧决定过继给别人的，其中一位是光绪皇帝。溥仪自己的原生家庭，也是慈禧太后意志的结果。慈禧的个人意志改变了溥仪的一生，让他3岁就丧失了母爱和正常的家庭温暖。以后的无数年日，他都恨这个太后，为何单单挑上自己做皇帝。

　　另一个影响溥仪一生的女人，是端康太妃。她当时在宫中十分张扬，处处学慈禧，想成为说一不二的当家人。她想控制住溥仪，和慈禧学会了派太监监视皇帝的办法，这让溥仪非常反感，双方冲突不断，最后终于在一件小事上爆发。太医院有个大夫叫范一梅，深得溥仪的信任，端康太妃专权辞掉太医，溥仪因此愤怒至极，与太妃起了冲突，并第一次吼出："专断太过，我又何必做亡国皇帝，尽可即日出宫。"溥仪的反抗得到很多人的拥护，众多前清遗老、他的老师甚至是服侍他的太监都夸他有出息，溥仪也为自己的举动得意；但他没有想到，太妃挟制不成溥仪，便转而叫来溥仪的祖母、父亲和母亲，对他们大加训斥。

溥仪的祖母和父亲说不出什么，大家都跪下来，请求端康太妃息怒，原谅溥仪，还要求溥仪向她赔礼道歉；唯有溥仪的母亲幼兰，没有受过这种窝囊气，天性要强的她从宫里回去，就吞了鸦片，死时年仅37岁。母亲的自杀对只有16岁的溥仪来说，无疑是巨大的打击。他第一次行使皇帝的权力就以母亲的牺牲为代价。

溥仪一生重大的事件都是由别人掌控的，包括自己的婚姻。悲剧的是，他的婚姻还是太妃间明争暗斗的结果。王公大臣商议，让溥仪在几个闺女的照片中选一个做后，选一个做妃。溥仪在似乎顺眼的一张照片上，画了一个圈标为记号，那是满洲额尔德特氏端恭的女儿，名叫文绣，又名惠心，她是敬懿太妃所中意的姑娘，但这个结果让端康太妃极不满意。端康太妃不顾敬懿的反对，硬叫王公们来劝溥仪重选她中意的那个，理由是文绣家境贫寒，长得不好，而她推荐的这个是个富户，又长得很美，她就是满洲正白旗郭布罗氏荣源家的女儿，婉容，字幕鸿，最后，溥仪听从了。他又一次因为惧怕端康太妃的势力而妥协，实际这是对慈禧势力的恐惧。

溥仪大婚当夜他没有与婉容圆房。在他心目中，婉容就仿佛那咄咄逼人的命运的代言人，既然无法反抗，那就只好采取这种非暴力的不合作了。不过这种反抗并无意义，只不过徒然加重了他被"阉割"的心理状态而已。溥仪先后有过五个妻子，一个皇后、一个妃、两个贵人和一个作为公民的妻子。可溥仪却说"她们谁也不是我的妻子，我根本没有一个妻子，我有的只是摆设……"他的五个女人，皇后婉容在他眼皮底下和侍卫私通，并生了一个孩子；贵妃文绣私自出走并公然提出与他离婚；贵人李玉琴算是不错的，但趁溥仪劳动改造期间也坚持与他离了婚；贵妃谭玉龄最终因病离开了他；第五个妻子也曾提出过离婚。没有一个女人为他生过一个孩子。史料记载，溥仪无法人道，生理上的缺陷和心理上的失衡互相作用导致了每一个女人都离他而去。而每一次的背叛，都是在他已经被阉割的心上狠狠地又刺了一刀。

不仅如此，对于当皇帝，溥仪也是既期待又怕受伤害。一方面，他的身份决定了他以复国为己任的使命感，但另一方面，幼年的皇帝生涯实在不是什么让人愉快的经历。

溥仪的童年是凄惨的，备受折磨的，没有家的温暖，在宫里受尽欺负。在《我的前半生》里溥仪写道："甭说宫内，就是当年各王府也唯恐小孩吃坏而限制吃饭，一些王府的孩子幼年死去竟然是被饿死的，这成了一件怪事。"小皇帝溥仪虽然没有被饿死，但境况比起穷苦的孩子们也没有多大区别。每天只能以清汤米饭充饥，饥肠辘辘不说，经常还会因一点小事就被关禁闭，紫禁城之于幼年的他，不过是一所大监狱罢了。

这些痛苦的经历和心灵的创伤，在溥仪看来，都源自他皇帝的身份。这决定了溥仪内心的分裂，性格的矛盾和两面性。

溥仪在自我身份上有着天然的自卑感。这并不稀奇，因为他实在有自卑的理由，他登基的契机并不是血统，而只是他所憎恶的老女人的一句话而已。之后又多次经历了登基退位的恶性循环，没有哪怕一天能够掌控自己的命运。他的心早已经千疮百孔，苟且偷生似乎成了他唯一的选择。

早年在紫禁城，溥仪就对太监们百般折磨，让他们喝墨水、吃掺着生豆子的包子，让他们像狗一样趴着在地上舔食等等；到了伪满以后，花样就更加变态，动辄对下属进行"灌凉水""跪铁链""过电""站木笼"之类的处罚，打人的花样也很多，最常用的是叫别人代替他打人。他并没从他人的痛苦中感受到多少快感，他只是通过这种方式确认了自己作为皇帝的身份。这些施虐之于他，不过像是打开手机的指纹解锁一样。这种检验的通过，满足了他想当真正的皇帝的愿望。

虽然享受了当皇帝，哪怕是傀儡皇帝的特权，但是他却不愿接受相应的义务。他并不能坦然面对自己傀儡的身份，整日活在恐惧之中。比如他听说汪精卫到日本治病后死在那里，吴佩孚也在日本治病死了，就总是害怕日本人安窃听器要害他。当真正需要一个皇帝做些重要的决定时，他缺少了作为施虐者的杀伐决断，只是一味考虑自己的性命之忧。

他的矛盾性格就是他为何有时极为固执，明知不对也要坚持，有时又犹豫不决，随即改变主意的原因。他评价自己为"在狼的面前是羊，在羊的面前却是只狼"。面对自己的内在冲突，他产生了一定程度的分裂。他痛恨从小攻击、虐待他的人和行为，却又向攻击者认同，成为虐待他人的人。在不能做决定时，就依靠"退行""示弱""依赖他人"等防御机制来逃避问题。

溥仪体弱多病，伪满时期更是天天需要太医问诊把脉。在《我的前半生》中，溥仪概括自己的日常生活为"打骂、算卦、吃药、害怕"。随着日本崩溃的迹象日益明显，他越来越害怕会在日本垮台前被杀人灭口。在外面越是阿谀逢迎，看人脸色，在家门内就越脾气暴躁，动辄打骂。自身安全感的极度缺乏，对死的惧怕，让他趋于迷信，终日吃素念经，求神拜佛，想避开祸端。精神极度压抑反应在生理上，身体越发衰弱，因此又拼命打针吃药。这就是他浑浑噩噩的生活。

溥仪嗜药成瘾，家中的中医药库和西医药方好像是他唯一的安全感所在。为着一些买不到的药，他可以拿出几千元、几万元去国外订购。他的侄子们除了上学还要管理他的药房、药库，每天和专门的医生一起为他打针，忙前忙后要几个小时。

奇怪的是，据溥仪身边的人透露，他的身体状况远未到病入膏肓的境地。在其他人看来，这简直是无病呻吟。其实，与其说溥仪治病是生理需求，还不如说这是种心理需要。每天治病的时间，就是溥仪的"happy hour（欢乐时光）"，这简直和普通人上KTV没什么分别。在治病时，溥仪不仅可以感受到安全和权力，还可以感受到被关心和照顾——虽然这只是种错觉而已。

溥仪有一个"马桶皇帝"的称号，是因为他每日蹲厕所都要数小时，为节约时间，不得已在马桶前放个桌子，边解大便，边批阅文件。这其实与他长期压抑与恐惧的精神状态有关。压力越大，排解压力的能力越弱，就会在生理上作出反应，比如经常去厕所，因为厕所是一个相对狭小封闭的空间，这里能隔开外面的压力，使人处于一个人的静谧环境中，也能让忙乱的节奏得以舒缓。这种强迫性行为实际源自他内心对压力的抗拒。

如果说，溥仪前两次的登基均是在未成年时期完成，那时他是个不谙世事的孩子，自己也是受害者，给中国带来的伤害可暂不提，但到了日本扶持溥仪为傀儡政权的阶段，他已经是个二十多岁的成人，该为自己的罪行负责。而这扭曲的人格，这被偷走的人生，依然来自3岁那个逃不掉的梦魇。

第四章

为何爱的模式也能复制、轮回

1. 生命华袍里的虱子——张爱玲的苍凉底色

对于很多人来说，过去的生命中充满着错误，一个重要的修正机会，就是恋爱：若有一个不那么爱自己的父亲，就找一个和父亲类似的男人，让他爱上我；若有一个不那么爱自己的妈妈，就找一个类似的女人，让她好好待我。这样，才能证明我没有那么差。

张爱玲对胡兰成，即是一次修正，只是她最终输了自己，低到尘埃里。

胡兰成，与张爱玲的父亲张志沂何等相似：都外表俊朗，喜穿长衫，气质装扮喜好相似；年龄上，胡兰成年长张爱玲14岁，也几乎可以做她的父亲；两个人都风流成性。胡兰成有三任妻子，和张爱玲结婚以后也不曾停止过风流，又是小周，又是范秀美，又是佘爱珍，又是日本女人，流亡过程中一路留情，与各种女人交欢。与张爱玲的父亲如出一辙的风流成性。最令人痛心的是，二人都遗弃了她。

她选了一个和父亲类似的男人来证明自己，注定是无望的悲剧。因为，本不是她不好，而是父亲的问题。爸爸当然不会因为女儿做了什么，而变成一个好爸爸，那个像爸爸的男人也同样如此。只是这个在原生家庭里受伤的小女孩，永远不会懂，也终究没跳出那个魔咒。

1920年9月30日，张爱玲出生在上海公共租界西区一幢没落贵族的府邸，小名小煐。与张爱玲同时代的作家中，没有谁的家世比她更显赫。祖父张佩纶，光绪年间官至都察院左副都御史，是"清流党"的主要人物；祖母李菊耦是李鸿章的女儿。张爱玲生母黄素琼（又名黄逸梵）则是首任长江水师提督黄翼升的孙女，后母孙用蕃是曾任北洋政府国务总理的孙宝琦之女。清末显赫的几大姓氏都与张爱玲有着千丝万缕的联系。

张爱玲的母亲黄素琼和父亲张志沂结婚的时候也是门当户对，郎才女貌的一对璧人，婚后确实也过了一段幸福日子。然而，渐渐地，张志沂喝酒、抽鸦片、嫖娼样样不离手，日日浑浑噩噩消耗祖辈留下的家产。黄素琼改不掉丈夫的恶习，但不甘于这样得过且过活着，便做了一个那个年代女性极少能做出的决定——离婚。

于是，在张爱玲4岁那年，母亲离家，父亲成了她唯一真实的记忆。她对父亲的感情是爱恨参半。

父亲是张爱玲最初的文学启蒙者，她对父亲有着很深的依恋。在继母出现之前，她和父亲还有过一段静好的岁月。父亲教她念诗，写诗，亲友来做客的时候，他拿出这些诗炫耀，那是他的骄傲。天气好的时候，他们去南京路喝咖啡。过年的时候，他带她去虹口区买时髦的花布做衣服。他们也曾亲密过，张爱玲曾经觉得，父亲是懂自己的。

但父亲续了弦后，一切都改变了。他变得愤怒而无法控制自己，似乎自己堕落颓废的原因都来自前妻的两个孩子，他们成了他发泄愤怒的工具。而继母孙用蕃，她的日程表只有两个主题：吸鸦片，折磨丈夫前妻的两个孩子。

父母的离异，继母的到来，在张爱玲幼小的心灵里演义着一场战争，给她带来不可逆转的痛苦。很少流泪的她，哭得彻底。她看过太多关于继母的小说，没想到落在自己身上。继母来了，父亲对她的爱被夺走了，取而代之的是欺负和羞辱。张爱玲从小有很高的艺术素养，对服饰、音乐、绘画都有着极高的天赋。她曾发誓要"穿着最别致的衣服周游世界"，但实际上，继母为了节省开销，让张爱玲穿她穿旧的棉袍。"穿不完得穿着，就像浑身都长了冻疮，冬天都过去了，还留着冻疮的疤"。

一次，张爱玲和继母发生冲突，继母骂了她，还打了她一巴掌。她拿手去挡，继母就说张爱玲要打她，上楼去告状。父亲不分青红皂白，跑下来对她一顿拳打脚踢，一边打嘴里一边说："我今天非打死你不可！"祖母留下的老佣人何干不顾一切把她父亲拉开，她才没真被打死。

之后张爱玲被关在小黑屋里，由门卫看管。她得了严重痢疾，张志沂不请医生不买药，眼见病一天天严重。何干唯恐发生什么意外，躲过继母，偷偷告诉了她父亲。父亲也考虑到，如果撒手不管，万一出事就要背上"恶父"害死女儿的坏名声，于是趁继母不注意到楼下为张爱玲注射抗生素，她才活过来。

这关禁闭的半年，张爱玲一直想，"死了就在园子里埋了"，也不会有人知道。她每天听着嗡嗡的日军飞机，"希望有个炸弹掉在我们家，就同他们死在一起我也愿意"。1938年的一个深夜，张爱玲终于逃离了这个曾经显赫的家族，奔向了母亲的家。

张爱玲的母亲黄素琼对她来说，是想要但碰触不到的存在。她不信命运，反抗传统，不仅要离婚，还要远赴重洋去留学，是中国第一代"出走的娜拉"。她去欧洲学习法语；学油画和雕塑，跟徐悲鸿、蒋碧微、常书鸿都熟识；去马来西亚教书；缠着小脚去阿尔卑斯山滑雪，比大脚男人滑得还好；她把名字改成黄逸梵，像她内心追求的自由一样浪漫飘逸的名字。

黄逸梵在幼年张爱玲的眼里确实是浪漫的、飘逸的、文艺的、精致的；同时，也是遥远的、神秘的。而这种最初因崇拜来的爱，也在后来朝夕相处的真实中，被一点点毁掉了。现实太过残忍，像极了华袍里的虱子。

张爱玲投奔母亲，与她朝夕相处的日子，并不见得就比和父亲、继母一起生活要好到哪里。黄逸梵数落张爱玲，那是家常便饭，说她笨、像猪一样，说她是个大累赘，活着就是要害人；甚至当张爱玲生病了，做母亲的也没有实质的关心，除了埋怨还是埋怨，还总觉得自己做了巨大的牺牲。

张爱玲是争气的。投靠母亲的第二年，她以远东区第一名的成绩考入英国伦敦大学，可惜日本侵华的炮火阻断了行程，转入了香港大学。然而，黄素琼在自己的游历和女儿上大学之间，选择了自己，给张爱玲的学费断掉了。

在香港大学读书期间，张爱玲非常刻苦，门门功课第一名。英国教授佛朗士私人奖励了张爱玲800港币的奖学金，张爱玲兴奋地拿到母亲那期待着得到母亲的赞许。可母亲拿着这笔钱去打麻将全部输掉了，一直到她走的时候也没有问过张爱玲，这学期的学费、生活费怎么办。这800港币输掉了她对母亲残存的一点点希望。自此，张爱玲和母亲的关系到了尽头。

可以说，张爱玲从来没有得到来自母亲真正的爱。4岁时，母亲离家远走，仅仅留下了一个精神上的"母亲"，16岁开始，这个精神上的母亲变成了陌生人和仇人。没错，她为女儿提供了最好的教育资源，英语和钢琴的培养，昂贵的私人教师，但这些都没有让张爱玲感到爱，因为母亲一直在强调：你要足够优秀，才能对得起我付出的一切，否则你不配得到我的爱。

这样施舍的爱，充满着条件和要求，还要讨价还价，张爱玲向着母亲火热的心渐渐冰冷起来。一个目不识丁的母亲都能做到的陪伴、信任、鼓励，在黄逸梵的身上连影儿都没有，没有亲密，只有"借债——还钱"。最终，爱有多深，恨就有多深。

张爱玲成年以后，攒足了还母亲的钱。等母亲回国，选了个时机去还。二两小金条放在手心，陪着笑递过去，感谢母亲为她花了这么多钱，心里一直过意不去。就像一个陌生人，从来没有亲近过。黄逸梵临终想见她一面，她没有去。

《小团圆》是张爱玲以自己为原型出的一本小说，书里充满了母亲的丑恶和冷漠，是施虐者或是虐待合谋者。小说中的母女关系只有疏离紧张和怨恨。从后母家出走的女儿，还可以为自己说两句公道话，但面对强势的母亲，面对永无止尽的无端指责，她只能沉默。那心里的洪流已经冲破堤坝，但表面却波澜不惊，她自己已经分裂成两个我，那个真我再也不会浮出水面。她说，"灵魂像灌了铁"。

"存在等于被感知。"美国心理学家莱因如是说。这个定义的意思是，我的感受被你感知到，我才发现自己原来这般存在着。简单说来，一个人的存在感，来自于她的感受被另一个人看到。一个孩子，如果没有被妈妈感知到，就没有存在感，更不会实现清晰的自我，所以她毕生都在用直接或扭曲的方式希求被别人看到。

张爱玲就是如此被母亲对待的。母亲对她是忽视的，与其说看不见，不如说不想看见。她和父亲离婚去法国前，与张爱玲告别，记忆中极为淡漠："她来看我，我没有任何惜别的表示，她也像是很高兴，事情可以光滑无痕迹地度过，一点麻烦也没有……我在校园里隔着高大的松杉远远望着那关闭了的红铁门，还是漠然。但渐渐地觉到这种情形下眼泪的需要，于是眼泪来了，在寒风中大声抽噎着，哭给自己看。"

早年的痛苦经历，影响到成年对外部世界的感受和体验。她总是对周围的人和事持怀疑、否定乃至敌对的态度；喜欢"揭老底"，因为这符合她对世界的看法，人都是自私的，有着不为人知的罪恶，人是最阴暗的所在。

精神分析学派的理论认为，3～6岁是"俄狄浦斯期"。男孩会出现恋母倾向且嫉妒父亲，女孩会出现恋父倾向且嫉妒母亲，他们都期望取代同性的父母而与异性的父母建立唯一的关系。如果这一阶段，父母有意无意地顺应了孩子的这个愿望，那么孩子就会发展出"俄狄浦斯情结"，一方面，会过于依赖异性父母，另一方面，他会对同性父母缺乏敬畏并与之疏远。张爱玲的家庭无意识中顺应了她幼年俄狄浦斯期的需要，她与母亲愈加疏远，而恋父情结也从此落下了根。

成年后，张爱玲的恋父情结，让她一直在寻找那些比她年龄大很多的男人。有一回，张爱玲和苏青聊天，说到自己的婚恋观："我一直想着，男人的年龄应当大十岁或是十岁以上。我觉得女人应当天真一点，男人应当有经验一点。"她所说的，不像是男人与女人，倒像是父亲与女儿。

遇到胡兰成后，张爱玲把对父亲的眷恋和期望，都移植到了这个男人身上。胡兰成从杂志上看到张爱玲的《封锁》，决意去认识她："一切能发生的关系都要发生。"第二天，张爱玲捏着胡兰成从门缝里塞进来的小纸条上门拜访。两人在客厅里聊天。张爱玲只管听胡兰成说，倏忽五个小时，仿佛回到从前，父亲的书房里，父亲给张爱玲说《红楼梦》。她以为胡兰成是懂她的，就像当年的父亲一样。

胡兰成熟谙女性心理，再加上浮光掠影的些许才华，让张爱玲沦陷在这一片虚情假意中，像飞虫被粘在蜘蛛网上，等发觉不妙时，已动弹不得。他风流倜傥，以拥有不止一个女人的爱为骄傲。他有妻子，有情妇，到处留情，可她却还是嫁给了他。她写道："我想过，倘使不得不离开你，亦不致寻短见，亦不能再爱别人了，我将只是枯萎了。"

和胡兰成离婚后，张爱玲写作，拍电影。她的名气越来越大，认识的人也越来越多。爱的缺乏可以毁灭人，也可以造就人。张爱玲决定自己造就自己，她在上海滩掀起了自己的小说巨浪。既然家庭里面没人关心自己，那么就让全天下的人来关心自己吧。巨大的光环后，孤独的心勉强支撑着，支撑着自己最后的尊严，她始终没有和过去的自己与原生家庭和解。

在美国，张爱玲遇到自己生命中的第二任丈夫，美国白人，德国移民后裔赖雅。赖雅是才子，17岁就进入常春藤名校宾夕法尼亚大学攻读文学，后来在哈佛大学读硕士，毕业后在麻省理工大学任教。他也曾在好莱坞风光过，是颇受欢迎的剧作家。但他的晚景急转直下，多数作品得不到出版，因经济拮据入住文艺营。

相差29岁的赖雅与张爱玲却一见如故，"去小屋，一同过夜"。与赖雅相恋不久，张爱玲发现自己怀孕了。赖雅说，"打胎吧，我娶你。"张爱玲没告诉任何人她想生下这个已经有4个月大的男婴，于是有了《小团圆》中，一个马桶冲走男婴的血腥画面。她的心要冰冷到什么地步，才会允许杀死自己的孩子；她又爱到多么卑微，才会在爱人面前如此忍耐退让。

与赖雅结婚，张爱玲并没有过上"岁月静好，现世安稳"的梦想生活。丈夫赖雅瘫痪在床，他们的生活入不敷出。为了赚取治疗的费用，张爱玲熬夜写剧本写到眼睛流血。年少轻狂的她曾在《倾城之恋》中不屑地写道："结婚若是为了维持生计，那婚姻就是长期卖淫。"可她本人却走进了这样的婚姻。

晚年的张爱玲一直离群索居。至亲的亲人都伤自己这么深，更何况其他人。张爱玲从小就对人产生了恐惧，为了保护自己，她只能远离人群。若想不被人拒绝，最好的方式，就是先拒绝别人。若有人来贸然打扰，她就从门缝塞出纸条，上面写着：张爱玲小姐不在家。在《天才梦》里，她写道："在没有人与人交接的场合，我充满了生命的欢悦。"

她深居简出，闭门谢客。一个烧饼吃两天，其他食物，只有牛奶和鸡蛋。国内有一个狂热的张粉，得知她的住址，在她对面租了一套房子，天天观察她。张爱玲得知后，连夜搬了家。

张爱玲晚年频频搬家还有一个奇特的理由，她一直认为有一种来自南美，小得肉眼难以辨别、但生命力特别顽强的跳蚤在困扰自己，曾告诉朋友"每月要花200美元买杀虫剂"，"橱柜一格一罐"。她叫杀虫公司来，还是无效。于是她带着简易的行李，一旦发现所谓的跳蚤，马上搬家。1984～1988年，她搬了180多次家，有时每个星期搬一次，直到再也搬不动了。

不知道这是不是一种强迫症，或是幻觉，或是神经症的表现。这些跳蚤，好像张爱玲对自己的失望和厌倦，躲也躲不开，杀也杀不死，一点点消耗着、蚕食着她的生命。1994年，去世前11个月，她说："各种不致命的老毛病不断加剧，一天忙到晚服侍自己，占掉全部时间，工作停顿日久，非常焦灼。"

1995年9月8日，她预感到长路走到了尽头，于是穿戴整齐，躺在地板上，盖着一条薄薄的毯子，安详地离开了人世。她的银行账户有几百万港币，房间里所有家当是一张折叠桌、一把折叠椅、一具折叠梯。走之前，她整理了各种证件和信件，装在一只手提包里，放到了门口。7天后，才被人发现。

如果不是原生家庭的伤害，张爱玲不会选择一个像父亲一样的渣男胡兰成并要去改变他而证明自己；如果不是嫁给胡兰成，她也不会被伤透再遇到与自己年龄相差29岁的赖雅，以"打胎换婚姻"；如果不是赖雅，也许她也能有一儿半女，起码有人陪伴。如果是那样，她也不会在自己的公寓中孤独离世，一周后才被发现。

可惜没如果。"不爱是一生的遗憾，爱是一生的磨难。"

2. 女神何苦为难自己——赫本的强迫性重复

这个女人，享有高贵的出身，让人艳羡的美丽容颜，窈窕的身姿，优雅的气质以及出色的演绎才华。她甚至成为一种经典，一种风格，一种怀念，成为美丽、优雅、高贵的代名词，直到今天，仍让人们迷醉和流连。她魅力非凡，光芒四射，男人都为她倾倒，她应该可以很轻松赢得幸福生活，但她就是做不到，一次又一次弥足深陷自己制造的深坑里。

她似乎总是在寻找爱情，每次投入一段新的爱情，她都会激动不已，奉献自己的所有，认为生活从此会幸福下去；但事与愿违，她越牺牲自己，越隐忍，男人离她越远，直到最后关系破裂。她可以花几个星期就和一个男人从相识到相爱，到走入婚姻，但又花10年的时间去被这场婚姻折磨得无一丝力气，最终放弃。问题是，她总能找到一个最不合适的男人。

她就是奥黛丽·赫本。女神为何这样折磨自己，还是要从原生家庭去寻找答案。

1929年5月4日，奥黛丽·赫本出生在比利时的布鲁塞尔，这个以"鲁斯顿"为姓氏的家庭，是当地极为富裕的一户人家。奥黛丽·赫本的母亲是荷兰贵族后裔，袭有女男爵的封号，家族谱系可以回溯到英王爱德华三世。奥黛丽的父亲是一位英国银行家。

家世显赫，但并不幸福。赫本的记忆中，爸爸妈妈没有什么温情的、互相关爱的场景印在脑海中，有的只是争吵，无休止的吵架。那个年幼的小女孩时常害怕到瑟瑟发抖，钻进桌子底下悄悄看着他们，默默流着泪。他们经常不在家，各自忙各自的事业，没有什么交流，更不要说同赫本聊聊天，重视孩子的感受。直到赫本6岁那年，父亲抛弃母女俩离家出走，她的世界崩塌了。

母亲迅速衰老，赫本因为父亲的离开变得抑郁。小小的她总觉得父母的不幸福是因为自己，是她的责任；她开始变得形单影只，不想与人交流，害怕陌生人。后来，她被送到伦敦的贵族学校寄宿，在那里她第一次邂逅了芭蕾。芭蕾的优雅和魅力吸引了赫本，她无暇一直沉浸在痛苦中，把全部的精力用在练舞上。

"二战"爆发后，母亲带着赫本一起回到老家荷兰。因为传言母亲家族。带有犹太血统，赫本和母亲被没收了全部财产，落入了空前的贫困中。1944年那个冬天，对赫本和家人来说，尤其漫长。因为被切断了食物的供给，赫本每日经历着非人的饥饿感的折磨。一些时候她和家人靠郁金香的球茎来维生，更多时候甚至连这个也没有，只能喝水。赫本在这一段期间患上了严重的营养不良、贫血、呼吸道疾病。

当纳粹德国侵入荷兰时，赫本亲眼目睹自己的兄弟被纳粹士兵拖去集中营，看着视作依靠的叔叔和表兄弟相继被纳粹处死，然而这场战争的阴霾仍不如父亲出走带给她的阴霾更深。那是她一生最黑暗的日子。人们都恐惧不已，姑娘们整日担心自己会被抓去军队做妓女。赫本为了保护自己，一直坚持练习芭蕾，拥有一技之长，争取演出机会。她还把偶尔演出赚来的钱全部捐给荷兰地下反抗组织，用自己的方式反战。

"如果我的世界明天消逝，我会回顾所有我有幸拥有的快乐，兴奋和精彩。不是悲伤，失败或者我父亲的离家而去，而是所有事物愉快的一面，这样就足够了。"无论生活多么艰辛，赫本都积极面对，这来自于母亲的教导。

　　赫本的母亲是一位女男爵，传统贵族的修养使得她从不会肆意地表现自己的情感；她始终提醒着赫本要学会克制，这在某些程度上给赫本带来了正面的影响，使她能够不断努力，谦虚、感恩。

　　赫本执着于爱情，她曾说："如果我结婚，我想深处婚姻之中。"没有哪个女人比她更想拥有一个属于自己的温暖的家。童年爱的缺失一直让她渴望爱、追寻爱。

　　与格里高利·派克的相识因《罗马假日》而起，那时的赫本，是一名初出茅庐的小女孩，而派克，是万人敬仰的大明星。赫本视这个大自己13岁的男人为偶像，看他的眼神中充满了崇拜与仰慕；而派克对赫本也十分疼爱，像一个大哥哥一样，照顾她、保护她。从小缺少父爱的赫本，仿佛在派克身上看到某种父爱的影子，让她有了久违的安全感。但派克是一个优质男人，他对家庭有责任感，时刻记得自己是三个孩子的父亲；虽然爱，但埋在心底，直到赫本去世，都不曾真正表白过这份默默的爱。

　　在《罗马假日》的首映式，赫本遇见了梅尔·费勒，他是一名导演，也是演员，还是作家，也是派克的朋友。费勒的魅力来自他丰富的生活阅历。他的身上，混合着两个国家的血统，父亲是西班牙人，母亲是爱尔兰籍美国人。当时的费勒，已经有过两段失败的婚姻，并且，比赫本大12岁的他，还是四个孩子的父亲。赫本又一次被同样特质的男人吸引，年龄差距很大的，像父亲一样的男人，成熟的有才华的，可以保护赫本，看她似小女孩一样的男人。即使费勒遇见赫本时还是一个有妇之夫，这当中有很多不和谐的因素，很明显的隐患和杂质，但她却直接忽略掉，贪婪地去寻找费勒眼中父亲般的疼爱。

　　两个人终究走在了一起，费勒为了赫本选择离婚，很快进入了婚姻殿堂。1954年9月24日两人在瑞士卢采恩湖畔的小教堂举行了婚礼。不久赫本怀孕了，她立马把消息告诉了费勒。赫本非常喜欢孩子，她认为有了孩子这个家就是一个完美的家了。然而不幸的是，赫本流产了，第一个孩子没有机会来到这个世界上。

赫本从来都把事业放在第二位，费勒和家庭放在第一位。在她拍电影的日子里，经常往返于拍摄地和费勒所在的城市之间。虽然她的心思很多时候都在丈夫身上，但并没有影响到事业，反而越来越红；而费勒在事业上却在走下坡路。

赫本第二次怀孕了，她非常珍惜，为了安胎推掉了所有剧本，只剩下一部没法推掉，要履行片约。可是不幸接踵而至，赫本从马背上摔下来，又一次经历了失去孩子的痛苦。直到一年后，她才真正拥有了自己的第一个孩子——男孩肖恩。

有了孩子，家庭生活没有如赫本想得那样越来越好，而是开始充满了争吵和不解。就像儿时她的父母一样，费勒受不了赫本的事业超过自己，那刺痛了男人的"自尊心"，他以此为借口背叛赫本。痛苦的赫本做了一切的努力挽回，在事业上极其消极，甚至推掉了著名的大片《2001太空漫游》，但这段14年的婚姻最终还是走到了尽头。

此时的赫本身心俱疲，身高1米7的她体重仅剩下42千克。她结婚之前立的誓言没有实现，婚姻这样脆弱，未到白头偕老的那天。

心理学家研究发现，孩子经历一件或快乐或痛苦的事后，会在之后不自觉反复制造同样的机会，反复体验同样的或快乐或痛苦的情感。这种现象被这位心理学家称之为强迫性重复。

赫本的婚姻就是一种强迫性的重复，对儿时被父亲抛弃的痛苦的复制，她不自觉选择同样的人，最后都以背叛和离开为结局，周而复始。

为了治疗悲伤和孤独，赫本决定出去走走，她选择了希腊。旅途的惬意让她暂时忘记了烦恼，她遇见了一个小她9岁的男人，安德烈·多蒂。不知是为了从之前的痛苦中马上逃离出来，还是这一次要选一个与费勒截然不同的人，也许只有赫本清楚她为何作出这样的决定——她要这个小她9岁的男人成为她第二任丈夫。

1969年1月18日，那天是赫本人生中第二次婚礼。不到六个星期的闪婚，背后是她对家庭的极度渴望。

婚后，赫本很快生下了第二个孩子卢卡，也是男孩。她开心极了，决定安心回归家庭，做一个好妻子、好妈妈，并为此退出了影视圈。

赫本的单方面努力并不能因此就让一段婚姻变得更为幸福。她的第二任丈夫，这个浑身充满浪漫细胞的意大利男人，没有任何改变，混夜店、花心调情、屡次出轨、混迹于脱衣舞厅……他公然不把赫本放在眼里，让全世界爱着赫本的人们都不能忍受，只有赫本自己默默隐忍，一再原谅他，在这样的苦撑中熬过了整整10年。

人的一生，有多少个10年可以浪费？人们不理解，为何婚姻破败到如此地步，还要挽回还要留恋，还要一忍再忍。因为，那是赫本的梦，是赫本治愈自己的方式，潜意识里她就是要找一个像父亲一样会背叛她的男人，但最后会因她而改变，留在她身边。这样，她才是好的，才是值得爱的。

即使全世界都为她倾倒，都认可她的美好和珍贵，但她自己并不觉得。原生家庭的伤害，父亲的抛弃让她深深地自卑。她从来不认为自己有多漂亮，从不穿太暴露的衣服，因为身材太瘦，胸不够大；她还认为自己的鼻子和脚太大了，她不明白为什么别人说自己漂亮。

如此美丽的女人却有着骨子里的自卑，认为自己不配拥有更好的爱情，让人疼惜。两段婚姻，10年最好的时光，在错误的选择中蹉跎殆尽，她付出了所有，但没有得到一个女人起码应得的尊重。

她始终活在强迫性的重复里，被出轨的男人一次又一次伤害。就像她父亲对她和母亲的抛弃一样，一次次相同的痛苦，是对自己的囚禁。

表面上，她寻求爱，实际上，她不相信自己会遇到真爱。被亲生父亲抛弃的女孩，总是认为自己不够好，是自己的错，有哪个男人会长久爱她呢？

赫本结婚前无数次想过，一旦有孩子，一定要在他身上实现自己没有的幸福，父亲和母亲一直爱他，共同陪伴他的成长。可是对于这个承诺，她没有做到，受伤害的孩子，最终成为了那个伤害孩子的母亲，她的孩子同样要经历破碎的家庭。原生家庭的咒诅缠绕着赫本的命运，她和母亲一样，成了单身妈妈，而她的儿子，注定要重走她的辛酸路。

晚年的赫本把全部的精力投注于联合国儿童基金会，去帮助那些在战争中贫病交加的孩子们。她以此来回报联合国和那些素昧平生的人们在她少小时代给予她的帮助：在德军占领下的荷兰，是联合国向正在饥饿中挣扎的 15 岁的她和她的家人提供了他们急需的面粉和牛奶。

赫本终于找到疗愈自己的方式，疗愈她内心那个饥饿的小孩，被抛弃的小孩，缺少爱的小孩。奥黛丽·赫本一生十分喜欢泰戈尔的诗，其中有一句是："每个小孩都是上帝用来提醒我们，这世间还有希望。"最终，人们称呼她联合国儿童基金会的亲善大使。也许她在人生末了，终于找出了自己是谁，应该拥有怎样的人生。

强迫性重复不可怕，重复快乐的体验就好。父母在孩子的童年给予孩子足够的爱，那么孩子将学会爱；父母足够尊重孩子的天性，孩子将去尊重其他生命；父母给予孩子足够的信任，孩子会将这种美好的品质传递出去，在他的人生中一遍一遍重复这些美好的体会。

就像赫本说的那样——"爱可以治愈、可以修理、可以改进世间的一切不美好，可以使所有的事情变得完美"。

3. 披着锁链飞翔——浪子古龙

1985年4月9日，台湾的《民生报》《中国时报》《联合报》等报纸广告栏中，有这样一则广告：

"古龙亲父熊飞（鹏声）觅独子熊耀华到仁爱路四段仁爱医院诀别，千祈仁人君子紧催古龙立救父命料理大事以尽孝道。"

这则广告，立刻成为台湾各报上社会新闻的热点。古龙看到寻人启事，才知道此时父亲正病重躺在医院，不能合眼只因一个心愿，再见儿子一面。弥留之际父亲问他："你还恨我么？"古龙泪如雨下，不停摇头，终于喊出了三十多年未曾开口叫过的一声父亲。

三十多年来，这浪子的心才因父亲的关注，稍得安慰。

古龙生于1938年，乱世中的香港，本名熊耀华。13岁时，他随父母离开香港，移居台湾读书。

本来一家人是想抓住历史机遇飞黄腾达，不想父亲的生意却每况愈下；到最后，他父亲索性抛妻弃子，离家出走了。从那时起，父亲在他心里就已经死了。

全家人的生活重负就此落在古龙母亲的身上。她把一点一滴积蓄的钱，都拿来供古龙读书，古龙从建国中学初中毕业，升到台湾师范大学附中上高中。

在古龙18岁那年，家里接济中断，为了帮助家计，赚取学费，古龙一方面半工半读，一方面开始投稿；那时写的是文艺小说，没想到后面会走上武侠小说创作之路。

　　原生家庭的破裂，父母离异，影响了古龙的一生。父亲的出走，生活的颠沛流离，独尝流浪的苦涩，这些在现实和自我发展面前产生的巨大焦虑，需要缓解和释放。而古龙又是一个高敏感度的人，对压力对痛苦的敏感度更高，他就要用其他方式来降低痛苦。写作是其中一种方式，古龙从青年时期开始苦心写作，把自己的苦闷释放在小说创造的奇幻世界中。

　　古龙算是位高产作家，在他的武侠世界里，友情和爱情是两大精神支柱，但留给亲情的位置却很少，而关于父子之情更是几乎绝迹。所以我们看到那些风流倜傥的浪子、名动江湖的大侠表面光鲜亮丽，但关于他们的师承来历却常常语焉不详，出身门第往往欲言又止。不禁让人怀疑他们是否都跟孙悟空一样是从石头缝里蹦出来的。其实他不是不想写，而是不敢写，写多了，也许他就活不下去了。

　　除了写作，他还有另一个世界。在那个现实世界里，他逃避内心的寂寞和孤独的情绪，经常呼朋唤友，纵酒狂欢，以酒精来麻醉自己，逃避往昔，至死方休。

　　古龙酒量大得惊人，曾与四个朋友一夜喝完27瓶XO，平均每人至少5瓶。有一回，一个月喝了17万的酒钱。

　　古龙因常年酗酒，而被过量的酒精损害了肝脏，再加上意外医疗事故导致染上肝病，生活没有规律，终于导致了肝硬化晚期发作。

　　古龙好友林清玄在《敬酒罚酒都不吃》中这样回忆古龙："……第一回住院就吐了两脸盆的血。出院三个月，以为没事了，再喝，再住院，推进医院时医生量血压，高血压只有8，古龙看到医生摇头说：'没救了，推到别家去看！'再出院四个月，忍不住又喝，又住院的时候，一口血吐出来竟把整张床满满地染红了，护士都被吓得跑出去，后来医生对他说：没看过人一口气吐出像你这么多血！……"

对古大侠而言，吐出去的血只有靠酒才能补回来。所以在生命的最后几天，他一直喝到食道破裂，终于永远无法再喝了。

在他下葬时，王羽、倪匡、林清玄等好友特意在其棺材里放了48瓶XO酒陪葬。

"一个人如果沉溺于酒，必定有他伤心的事，而伤心的人必定是多情的人。"这是古龙自己的说法。

没错，快乐的人，是不会用生命去酗酒的。古龙是个伤心的人，而伤他心的人就是他的父亲。如果说与生俱来的罪恶是原罪的话，那么来自原生家庭的伤害则可以称之为"原伤"。既是原伤，何来解药？《东邪西毒》里黄药师每年会给欧阳锋带来一坛酒，叫醉生梦死，据说喝了就可以忘记很多事。这，应该也就是古龙的心声吧。

和酒精一样，让古龙上瘾的，还有女人。就像他自己说的，没有女人他便没法生活。

古龙读书时，就遇见了舞女郑莉莉，他一度逃学与她约会。郑莉莉为他生了一个儿子古小龙，后来改名郑小龙。古龙最恨父亲的不负责任和逃离家庭，但他如出一辙地继承悲剧。在儿子郑小龙6岁时，他抛弃瑞芳小镇的家，独自往台北过起了浪子的生活。

在台北，他又遇到舞女叶雪，又是一次相同的心路历程。同样有一子，然后又是分手。

成名后，在三福公寓期间，古龙为了与一位"东洋美女"相处，花去了半本书的版税，这相当于当时普通人一辈子的生活费用。

也许在每个浪子心中，都希望有风平浪静的一天。不久之后，在众人惊讶的目光中，古龙居然踏进了婚姻的围城。新娘梅宝珠是一个女高中生，也是古龙的粉丝。她漂亮而优雅，让在红尘中打滚太久的古龙一见倾心。和梅宝珠在一起，是古龙的创作巅峰，他在这期间陆续写出了一生中最重要的三大系列作品——《陆小凤传奇》系列，《楚留香传奇》系列，《七种武器》系列。

古龙的弟子丁情曾说过，古大侠是性情中人，并不适合婚姻生活。这当然不是一语成谶，而是事后诸葛。古龙的第一段婚姻看似美满，其实一直是在靠着妻子的忍让顺从维系着。当这种忍让遭遇到丈夫无尽的冷落和风流时，是很难做到彩旗飘飘而红旗不倒的。最后，梅宝珠还是离开了这个浪子一般的丈夫。

古龙第二任妻子于秀玲，陪他走完了人生最后一程。她不但漂亮，而且文静，是典型的江南少女。她是古龙的小说迷，古龙是她心目中的英雄。这样的爱情华丽又浪漫，她为古龙带来许多欢乐和勇气。古龙人生晚期频繁进出医院，反复吐血、昏迷、大醉，只有于秀玲愿意一直陪着他，周围人都因此而羡慕和感动。古龙临终对她说："真对不起，也对不起那些爱过我的女人。"她回答："只要你知道了，今后我们会生活得很愉快。"那个"今后"，是永远的分离。

少年时代的古龙没有体会过父母的呵护和家的温暖，家对他来讲是一种煎熬。迁居台湾之后，父母进入了无休止的争吵中，在不可调和的争吵中分道扬镳。父母离异，家庭的破裂在他年幼的心灵上烙下了伤痕；他被迫离开这个家，独自承受生活的风雨，没有任何依靠。他到处帮人打工，困顿潦倒，尤其在冬天，寒风扑面的夜间，也游荡在街头，无家可归；但他从来没有想过回去，他不再相信家是避风港，他的心绝望又刚硬起来。他一直想要一个温暖的家，又一次次逃离这个家，这个矛盾的怪圈，就是来自原生家庭造成的创伤。家的破裂，是来自父母爱情关系的破裂。现实让他陷入深深的怀疑，他不相信爱情，不相信会有女人真的爱他。

再加上古龙认为自己身形肥短，头大如牛。有人喻他："站在金庸或梁羽生的面前，他简直就是一个'屠夫'！"这样一个自尊心极强的人，站在女人面前，难免会自卑。这种自卑也使他要通过不断征服女人又抛弃女人来证明自己。

他遇到了很好的女人，真的爱他的女人，但他始终不能享受其中长久的亲密关系，实在让人惋惜。他虽然一直都不能原谅父亲的背叛与抛弃，但潜意识却一直在认同和模仿父亲，这是一种强迫性重复。他在婚姻生活中终日离家不归，在外晃荡。他一旦有了婚姻，原生家庭中的场景和对他的伤害就有意无意地浮现，导致他对家产生焦虑与厌倦，他又习惯以逃避的方式解决问题，因此就处于不停逃避家，又不停找女人，重组新家的模式中。

从古龙的小说中，也可以看到他的性别偏见，他用尽一切办法向他的读者论证着女人们的狡诈、虚伪、贪婪、嫉妒，甚至是残忍。骨子里，他不能信任女人，于是他塑造了一个不信任女人的江湖世界，在这个江湖世界对女人展开了猛烈的声讨。他说："世界上绝没有任何一个男人能真的了解女人，若有谁认为自己很了解女人，他吃的苦头一定比别人更大。"（《多情剑客无情剑》）他说，"女人天生就能了解男人的，但男人永远不会了解女人。"（《绝代双骄》）

在古龙的小说里，很难看到一对夫妻之间的关系，即使写出来也是被否定的。"我什么酒都请人喝过，就是从未请人喝过喜酒，你可知道为了什么？"阿飞当然不知道，李寻欢也不想要他回答。李寻欢自己说了出来，道："因为喜酒太贵了。"阿飞怔了怔，道："太贵？"李寻欢笑了笑道："因为一个男人若要请人喝喜酒，那就表示他一辈子都得慢慢地来付这笔账……"（《多情剑客无情剑》）古龙认为，婚姻是累赘，是男人追求梦想的枷锁，所以古龙笔下的男人一次又一次抛弃女伴而去，就像生活中的他自己。

对于在原生家庭受过伤害、不相信爱情和婚姻的这类人来说，他们往往也不会真正拥有爱情。他们就仿佛惊弓之鸟一般，父母关系的惨烈结局总是会在和爱人最亲密的时刻出现。此时，一走了之也许就是最好的选择，相濡以沫不如相忘于江湖。他们不相信爱情，而往往会把对爱的极度渴望和不能排解的压力，转而投注到对性的迷恋中去。性，是最直接最猛烈的方法，能产生被拥有、被爱的幻觉，就像酒精一样，会使脆弱的自我膨胀起来，感觉到自信和强大；而古龙需要这种满足，即使是暂时的满足。

古龙不信任女人，但他有很多朋友。他认为女人可以再找，但朋友知己却是难寻。他曾经对好友林清玄说过："其实，我不是很爱喝酒。我爱的不是酒的味道，而是喝酒时的朋友，还有喝过酒的气氛和趣味，这种气氛只有酒才能制造出来！"和朋友在一起的他，可以暂时忘了寂寞，沉浸在热闹和狂欢中。

古龙一生的朋友甚多，知心者有倪匡、丁情、林清玄、于东楼、温瑞安，等等。古龙常与他们以酒相伴，一醉方休。林清玄说，他到古龙家喝酒经常竖着进去，横着出来。

当初古龙被父亲抛弃，离家出走，四顾茫茫，最需要帮助的时候，是朋友伸出援助之手帮助了古龙，为他在台北浦城街找到了一处小小的落脚之地，算作自己的家。情感世界几乎沦陷的他像抓住救命稻草一般把最后的信任献给了友情；朋友填补了家人的空缺，也填补了他心灵的空虚。靠朋友的帮助，古龙完成了学业，那时的他怀着对父亲愤恨的情绪，孤独抑郁、冲动叛逆，与朋友的相处降低了他的焦虑，因此，现实越痛苦，他越靠近朋友。

丁情说古龙"最怕孤寂，尤其是离婚后，他害怕逢年过节。这时，他总要提前打电话邀约远近朋友前来做客。单身汉是非去不可的；不是单身汉，许多人往往吃完饭再来古龙家欢聚过节"。

朋友的陪伴在一定程度上疏解了他的寂寞情绪，他在书中这样表述他对友情的理解："人与人的了解是与日俱增的，友情这玩意，就像一瓶醇酒，是放得愈久，也就愈浓烈愈香醇。"（《那一剑的风情》）"有朋友的人确实比有钱的人更富有、更快乐。"（《大人物》）

但友情的醇香，却也将他带到一种隐藏的危机之中。声色犬马的生活，掏空了他的身体。他虽然稿酬丰厚，但吃喝玩乐使他在享受的同时也要承受大量写作的压力。朋友固然可以疏解内心的寂寞，但只是暂时的。对灯红酒绿生活的痴迷，让他几近疯狂，有时"外出游玩三四天不归"；再回到家时，就会感到巨大的落差和更深的寂寞。于是，只能继续疯狂，又更寂寞，恶性循环。

古龙的一生，快意恩仇，阅尽沧桑。他用力挥洒着生命，酣畅淋漓尝尽人生的苦辣酸甜，可那最渴望快乐的人终究不那么快乐，最渴望爱的人往往没有多少爱留下。经历过痴缠的爱恨情仇、江湖上的怨念散去，恍然看清了人生。

这怨，纠缠他一生，牵绊他一生，像披着锁链飞翔，是他最深的罪和重。最终，他还是放手了，放下了这怨念，原谅了那伤他的人，也原谅了那个羞愧的自己。他羡慕父亲，没想到会有这样一个痴心的女子张秀碧爱他爱得执着、深沉，30年来无名无份陪伴他、照顾他，把自己的青春和挚爱都给了他的父亲。

而古龙，没那么幸运，他临走时最后一句话是，怎么我的女朋友一个都没有来？

4. 被"特别挑选"的人——怪人乔布斯

"哇……"随着一声响亮的啼哭，一个男婴孤独地降临在人世。他生下来就面临与父母的分离，因为他是一个私生子。他23岁的母亲乔安妮·辛普森是一名年轻的在校研究生，她希望收养人有大学学历，事先联系好的是一对律师夫妇；但当孩子出生后，那对夫妇却改变主意，想要一个女孩，于是她只好按照领养登记册上的电话号求助。接电话的是作为蓝领的保罗·乔布斯，他甚至连中学都没有毕业。"我们这儿有一个没人要的男孩，你们要么？""当然要。"他忙不迭地回答。

于是，这个男婴有了新家，他新的爸爸妈妈给他起名叫史蒂夫·乔布斯。

保罗夫妇答应乔安妮会把这个男孩视同己出，而且承诺会让他上大学。在乔布斯的人生历程中，憨厚的保罗实践了自己善待他的诺言。当时伤心无助的乔安妮和慌乱中决定收养的保罗夫妇，他们谁都不会想到这个男婴会成为改变世界的人。

今天，乔布斯已经离我们远去了，但他的影响还在。他传奇的一生光鲜亮丽的背后，有一些灰色地带，常常被人忽略掉，但那也是乔布斯不可或缺的一部分。

乔布斯是叛逆的。

乔布斯的商业性格有点像古巴的切·格瓦拉，有时，他好像要和全世界宣战。苹果为Mac的发布配上的广告，将IBM描述成乔治·奥威尔笔下的"老大哥"，而将苹果形容成一个金发碧眼的自由女斗士，挥舞着大锤砸烂了老大哥的屏幕。

乔布斯从小就显示出异乎寻常的淘气和叛逆，让保罗夫妇经常措手不及。年幼的乔布斯曾把金属发卡插到插座中，被电晕去医院抢救，还曾觉得杀虫剂好吃，被送到医院洗胃。

上小学时，由于养母克拉拉已经教他阅读了，再加上他的高智商，以至于他经常觉得无聊，不断惹麻烦。他曾经把蛇放在教室里；有一次还在老师的椅子下面点燃了炸药，把她吓得都抽搐了。无论从天性还是他接受的教育上，他都表现出极度的叛逆，不接受权威。他经常反抗老师，导致读完三年级之前就被送回家两三次。但保罗从来没有打骂过乔布斯，他平静而有力地向学校阐明观点，认为这不是乔布斯的错，"如果你提不起他的兴趣，那是你的错。"他这样回应老师。因此，即使叛逆，乔布斯并没有学坏和堕落，在保罗和克拉拉的包容和接纳下，他可以做自己。

即使保罗和克拉拉给了乔布斯很多爱，但他还是没有缘由的叛逆。大学时代的乔布斯更加散漫，痴迷于大麻、摇滚乐、东方哲学，还和女友未婚同居。他在全美最贵的私立大学上学，但没到半年就感到厌倦了，毅然退了学，背上行囊去印度寻找真理。

他的哲学里面，吃水果的人是不用洗澡的，所以周围的人都要被迫忍受他不洗澡的恶果。他也不喜欢穿鞋，经常光着脚就去参加会议，还时不时把脚放在桌子上。

这样叛逆、不受拘束的性格也使他能打破常规，进行创造性的思考，于是才有了他在个人电脑、数字音乐、动画电影制作等诸多领域的无数突破，先后领导推出了麦金塔计算机、iMac、iPod、iPhone等风靡全球的产品，改变了现代通讯、娱乐乃至生活的方式。

乔布斯也是极端完美主义者。

他做一件事要做到极致，不能有一点瑕疵，因此，和他一起工作的人都会感到巨大的压力，甚至到喘不上气的地步。他往往为了某些细节问题就把即将完成的东西推倒重来，甚至连软件的一个图标都不放过。只要不满意，乔布斯就大骂"垃圾"，工作人员几个月的努力就付之东流；公司上上下下的人都被他痛骂过，无论多少人赞成，只要他不满意，就要重做。这种完美主义是自私的。

他永远都在说："我要，我就是要！"只要他发出这个命令，就一定要尽全力达到，而且要达到超乎完美。苹果产品外部是完美的，表面光滑，没有缝隙，形状方面是完美的圆角矩形，极其精简，没有一个多余无用的零件或者配件。除此以外，内部的完美更令人惊讶：所有内部零件，大大小小都要镀上金属层。工作人员在几千种相似颜色上精挑细选，反复确认，只是为了选一款让乔布斯满意的外包装箱塑料的颜色，这很难说不是一种近乎变态的、苛刻的美学迷恋。

他经常鼓动别人做平时几个月、甚至根本不可能做到的事情，但神奇的是，他鼓动的人真的做到了。苹果首任CEO迈克尔·斯科特回忆说："我相信这是史蒂夫·乔布斯带给苹果的最重要的影响力之一。他无法容忍自己和他人的不完美。"

不可理喻的完美主义，也体现在他的饮食上，过度的挑食，使得他的健康受到影响。但正因如此，乔布斯团队才能做出"完美得不可思议"的产品。

乔布斯还是一个控制狂。

苹果产品最大的特点是绝不兼容。一款简单的苹果手机，不像市面上任何一款手机一样，可以轻松更换电池，要想更换只能去苹果商店，由专业的维修人员打开机盖；在内部软件方面，所有软件都和市面其他应用软件不同，不可兼容，唯有一个办法，就是去指定的 App 商店购买软件。

全世界似乎都在乔布斯的可控范围内，这种极度完美主义和掌控欲的设计背后是他内心的不安全感。从小被抛弃是他不能改变的事实，他的内在欲望迫使他要控制外部世界，使之变成自己的世界。他的产品就是他自己的一部分，他要不断向外扩张，让其他人来认同进入他的世界，因为只有在他自己的世界，他是绝对安全的。

乔布斯的怪是在业界出名的。下属们都尊敬他，也怕了他，因为他的性格实在让人捉摸不透。他一会儿是艳阳天，一会儿是阴雨天；对有些事完全无原则，不讲信用，异常冷漠。暴躁的时候，随时发飙，公司里上上下下都被他痛骂过。因此，他闹出好多笑话，比如，他新买的车从不敢停在公司停车场，否则一天下来，一定会被不满他的员工来个耀眼的"纪念"。

乔布斯的怪、叛逆、脾气暴躁、完美主义、控制欲、极度敏感，这些都来自他的原生家庭，与母亲、父亲的早期分离。3岁以前发生的分离，尤其是与母亲的分离是造成一个人早期创伤的核心，必会产生一生的影响。

母亲在孕育的过程中，就已经对胎儿的情绪造成影响。母亲的声音、心跳声，是胎儿最直接感受到的世界；母亲的喜怒哀乐，欢欣或是恐惧，胎儿都能直接感知到，胎儿与母亲是相通的。如果母亲在孕期就已经决定了要抛弃胎儿，这种心理上的拒绝，会极大打击这个小生命的基础情感。与亲生母亲的分离，是对一个弱小的生命来说最恐怖的事情，从呱呱坠地起这个生命就进入了"共生的创伤"中，即使被送入收养家庭，这种创伤都已经存在。

刚出生的小婴儿因为孤独无助，本能向亲生母亲发出信号，比如哭泣、要拥抱、要吸吮母乳才能达到基本的安全感。但他发出的所有信号都没有回应。为了存活，小婴儿分裂了自己，一部分接受寄养家庭的父母，一部分始终在没有母亲的伤心状态，停止生长。

这些很早失去与母亲联接的孩子，会有各样的情绪问题：突然暴怒乱摔东西，或者恶作剧搞破坏，或者总是处于受惊的情绪中，或者非常叛逆、顶撞大人，或者有严重的攻击性，伤害其他孩子……这些都是生命起初的"共生的创伤"没被治愈的表现。

乔布斯很早就知道自己是被领养的，他的养父母在这件事上没有对他隐瞒。六七岁的时候，他坐在自家屋前的草地上，向住在街对面的女孩讲述这件事情。那个女孩问他："这是不是说明你的亲生父母不要你了？""天哪，我当时就像被闪电击中了一样，"乔布斯这么说，"我跑回家，大声哭喊。我父母说：'不是这样的，你要理解这件事情。'他们当时很严肃，直直地看着我的眼睛。他们说：'我们是专门挑的你。'他们两人都这么说，并且放慢语速向我重复这句话。他们强调了这句话里的每一个字。"

对一个孩子来讲，最大的恐惧就是知道自己是被父母抛弃的，这会让他感到无助，没有安全感、焦虑、愤怒，和自我怀疑。但养父母对乔布斯传递了这样的信息："你不是没有人要的，你是我们特别选中的，我们爱你，无论你是什么样的，我们都爱你。"这缓和了乔布斯内心的恐惧。

乔布斯一直感到没有安全感，被孤立、被隔离，原因就是他经历的生命起初的"共生性创伤"，除了与寄养父母相联接的另外一部分，还处在创伤中。那个没有被治愈的孩子希望得到亲生父母的爱，敏感脆弱，脾气暴躁，他好像要向着世界愤怒地吼叫，为什么我是没人要的孩子，为什么你们要抛弃我？他只好自己给自己创造安全感，让周围的世界看起来可以控制，不那么可怕。不被接纳的原始自卑，让他认为他一定要做到最好，哪怕有一点不好都是完全的不好；他需要做到百分之百，才认为自己是可以被接纳和认可的。

对收养家庭的孩子来讲，养父母无条件的爱和接纳，跟与亲生父母修复关系是至关重要的。乔布斯幸运之处是，他遇到了好的养父母和一个好妻子，他们帮助他治愈了原生家庭的伤害。

面对这样具有共生性创伤的孩子，这么调皮任性、到处惹麻烦的孩子，保罗夫妇并没有像大多数收养家庭的父母一样没有耐心，在孩子给予的压力下行为失控，或冲他大喊大叫，或进行威胁。他们用温柔来对待他，包容和接纳他。

乔布斯在自传里写道："即使随着年龄的增长，我越来越意识到自己是被领养的，但还是越来越喜欢跟爸爸黏在一起。"保罗得到了儿子的尊敬和崇拜，他虽然没有得到很好的教育，但他动手能力极强，喜欢思考，机械方面他可以说是百事通。

保罗夫妇非常有智慧，这还体现在乔布斯可以连跳两级的情况下，他们选择只让他跳一级。这样就避免了因为环境变化太大造成的成长的不适。

他们关注乔布斯，并且了解他，意识到他的不同寻常，所以有了更强的责任感。他们尽力让他学到更多东西，送他去好的学校，满足他的要求。他们愿意改变自己的生活来适应这个非常聪明也非常任性的儿子，比如当乔布斯提出要转学，因为现有的学校太差时，保罗夫妇不惜倾其所有来购置新家。

乔布斯的养父母让他知道自己很特别，是独一无二的，而且是被爱的，这使他拥有自信，可以无所畏惧地做想做的事。这种自信还在于每一次他要求的事情，最后养父母都按照他说的去做了，这中间他得到了一种被认可的成就感，因此，他一直明确知道自己要什么。他们通过关爱、支持、接纳与宽容使乔布斯形成了鲜明的个性，这是他创造力的基础。

除了疼爱自己的养父母，乔布斯的幸运，还在于他有一个好妻子劳伦。

劳伦为乔布斯生了3个孩子，两个女孩一个男孩，一家五口其乐融融，幸福美满。人们都说，是劳伦让浪子终于回头了，因为在那之前，他实在是个渣男。

叛逆的乔布斯在高中的时候认识了女友克里斯·安，他为这个同样具有叛逆性格的女生着迷。当时全校只有她一个女生敢翻墙逃学。身上相似的来自黑暗力量的气场把两个人连接在一起，他们相爱、逛街、喝酒，甚至抽大麻。高中毕业后，乔布斯向养父母提出要和女朋友同居，因为克里斯的父母闹离婚没有人照顾她，他要搬出去和她一起住。那是养父第一次冲他发火，养父坚决不同意，告诉他不可以这样；乔布斯当然不会听，仍然租了房子和女朋友同居了。

被自己的亲生父母遗弃的乔布斯，第一次当父亲时，也选择"遗弃"了自己的亲生女儿。乔布斯的亲生父母遗弃他时是23岁，巧合的是，乔布斯遗弃自己的亲生女儿时也是23岁。

当克里斯把怀了他的孩子这一件事告诉乔布斯时，他的反应很激烈，先是下巴皱在了一起，愤怒、焦虑，然后像一个未成年的孩子一样摔门跑了出去。后来他希望克里斯去打胎，他明确表示不打算结婚，但当克里斯决定要把孩子生下来之后，他非常气愤。

乔布斯的情绪很复杂，受限于亲生父母带给他的创伤，强迫性重复着这种伤害，把它加在女儿的身上，被父母抛弃又选择抛弃自己的孩子。他内心的恐惧是怕重蹈覆辙，成为他父亲的样子，可他的恐惧正把他往那个方向推去。

克里斯没有固定收入，年纪轻轻带着一个女儿，过着贫困潦倒的日子，只能靠救济金勉强过活。乔布斯不承认孩子是他的，一气之下，克里斯把他告上法庭，想让他负起责任。没想到，乔布斯居然找到律师证明，克里斯还与其他男人发生过关系，这对克里斯是极大的侮辱。

直到亲子鉴定之后，乔布斯才勉强同意法院的判决。但是，在他成为亿万富翁以后，也仅仅愿意支付每月500美金的抚养费。

乔布斯不愿意接受孩子，却强烈反对克里斯把女儿送给别人抚养，也许是不想自己身上发生的不幸在女儿身上重演。他唯一给的礼物就是女儿的名字：丽莎。之后，他躲得远远的，认为不与孩子有联系，就不用面对自己已经成为父亲的事实。

克里斯曾说，被领养一事让乔布斯"满是伤痕"，这也解释了他后来的行为。"他曾经被遗弃过，但后来他也遗弃了别人。"

20世纪80年代与乔布斯一起在苹果公司密切合作过的安迪·赫茨菲尔德，是少数几个与乔布斯和克里斯同时保持联系的人。他说："史蒂夫身上的关键问题是，为什么他有时候会失控般变得残酷并伤害别人，那还要追溯到他一出生便被遗弃这件事上。真正的潜在问题是，史蒂夫的生活中，永远有被遗弃这样一个主题。"

乔布斯偏执、自私，但幸好遇到了劳伦。劳伦很快了解到乔布斯的性格缺陷是由童年创伤造成的，他内心的创伤没有被治愈。乔布斯无法理解和原谅亲生父母的行为，活在爱恨交织中。他一生都对亲生父母充满了恨，所以这种恨，带着自毁倾向，又继续破坏他自己的亲子关系。被抛弃和被领养的经历，让他感到自己始终不能改变命运，于是他有了一个信念，一定要改变世界，这是缔造苹果公司的重要原因。

劳伦的原生家庭也很不幸，她的飞行员父亲死于一次飞机事故，母亲又嫁了一个有虐待倾向的酒鬼，她一直生活在压抑的家庭气氛中。但她通过上学、看书、交友等治愈了内心的创伤，成为一名有学识、坚韧而内心温和的女性，也懂得怎样帮助丈夫。

劳伦知道乔布斯易怒，是因为内心敏感，缺乏安全感，对人难以信任，于是劳伦在与乔布斯的相处中，表现得极有耐心，温和。她让乔布斯感受到她是爱他的，不会离开他，慢慢地乔布斯向她敞开了心扉。

劳伦还帮助乔布斯接纳了私生女丽莎。她帮助乔布斯认识到，他不接受丽莎不是因为他坏，而是因为他内心害怕自己不能承担一个好父亲的责任，重蹈生父的覆辙，而现在她会和他一起照顾丽莎。

后来，丽莎和他们一直生活在一起，直到她18岁去哈佛大学读书。

虽然乔布斯和丽莎的关系一直建立在层层叠叠的怨恨之上，早年的抛弃和冷漠给女儿造成了不可逆转的创伤，以致始终不能恢复与丽莎的亲密关系，但在他去世之前，父女俩终究还是和解了。

劳伦还帮助乔布斯原谅了生母，让他理解生母也是被逼无奈，原谅的举动化解了乔布斯来自内心的恨和伤痛。

乔布斯找到了自己的母亲乔安妮，还找到了他同父同母的妹妹，莫娜·辛普森。见到生母后，生母激动不已，反反复复地道歉。乔布斯安慰生母，说还要感谢她，因为她那时没有选择去堕胎，对于当时年仅23岁的她来说，生下他也很不容易。

但乔布斯始终无法原谅生父。在后来得知自己身患癌症即将离世时，他仍然毫不犹豫拒绝了生父的见面请求。他不原谅的是生父的不负责任：先是不负责任，让他的母亲未婚先孕，后又不负责任地抛弃了他和他的妹妹莫娜。

上天给了乔布斯第二次做丈夫和做父母的机会。这一次，他慎重地面对自己，面对爱人，面对孩子们，他在儿子和另外两个女儿身上体会到了做父亲的幸福。

步入中年的乔布斯日益平和，他回归了家庭。从2004年乔布斯患上癌症，到与病魔抗争了7年后被夺去生命，劳伦一直陪在他身边不离不弃。

当乔布斯结束了自己一生的传奇之旅时，他也获得了足够多的治愈内心创伤的温暖。他的确是被"特别挑选"的人，虽然来的时候带着痛，但走的时候，带着的是爱。

5. 迷失在性之中——被缚的"老虎"伍兹

2009年11月28日，被公认为史上最成功的职业高尔夫球员之一的"老虎"伍兹发生了一次意外车祸，之后短短几周内，他就从人生巅峰跌入低谷。虽然身体没有大碍，但这场车祸引发了"偷腥门"事件，从此他的婚外性丑闻不断浮出水面，他的情妇人数在车祸后几周内迅速飙升至双位数，震惊天下。这些人中有的公开偷情故事，有的欲将故事搬上电视，其中有几位还接受了《名利场》杂志的专访，伍兹几乎身败名裂。2013年8月24日，伍兹与妻子艾琳正式离婚，就此终结了两人6年的婚姻。

高尔夫球一直被认为是贵族们的运动，它象征着"在绿地和新鲜氧气中的美好生活"，然而世界第一的高尔夫球手，竟有如此混乱颓靡、阴暗羞耻的私生活，这是公众所不能接受的。谴责、羞辱、愤怒不绝于耳，可这样的突发事件的背后却隐藏着一个人跌入罪恶深渊的无奈。对于一个公众明星而言，"玩火"意味着冒险和牺牲，伍兹内心一定有过无数次的挣扎，对于"自焚"结局也很惧怕，但是他仍然无法掌控自己的行为，在情欲里无法自拔，俨然一个被困锁没有自由的人。

性瘾问题通常根植于一个人青少年时期的不幸经历，通常在充满敌意、混乱和冷漠的家庭中产生，这些孩子很少能正常表达自己的情绪，对爱极度渴望。伍兹的困锁同样离不开他的原生家庭。

美国司法界有一个著名的"毒树之果"理论，字面意思为有毒的树结出的果子也有毒，引申为通过非法渠道获得的证据也不合法。假如这个逻辑可以成立，我们是否也可以反推出假如一颗果子有毒，那么它一定是从一棵有毒的树上结出的呢？如果说伍兹的性爱上瘾是那颗毒果的话，那他的家庭就是那棵毒树。

1975年12月30日，泰格·伍兹出生在美国加利福尼亚塞普雷斯，他的父亲是美国人，母亲是泰国人。父亲厄尔是对伍兹一生影响最大的人，他从观念到行为上都深深影响着儿子。厄尔·伍兹是越战老兵，并参加了特种部队，因为他自认为那是唯一可以公平对待黑人的地方。退休以后，他每一天都在打高尔夫球。厄尔曾经告诉泰格·伍兹，他只有两条路可以选择，要么成为一个高尔夫球手，要么成为一个特种兵。正是父亲的期待让伍兹成了一个高尔夫球手，而他大部分的空余时间都迷恋于特种兵的军事训练。

从小到大，泰格·伍兹做任何事情都是和自己的父亲厄尔在一起，在车库外面对着网子击球，或是花数个小时在高尔夫球场上；打完球以后，厄尔会点一杯朗姆酒加健怡可乐，而泰格会喝一杯樱桃可乐。他像一个大人一样坐在父亲身边，虽然那时他还只是个小不点。他崇拜着父亲，对他来说，他们是父子、是师生、是朋友、是跑友，他甚至觉得自己和父亲在一起的时候才是一个完整的人。

泰格·伍兹和父亲虽然亲密，也有很多分歧，他们多年以来最严重的裂痕就是由于父亲厄尔的情人们而产生的。他恨父亲对母亲的背叛，曾经和他高中时的女朋友哭诉过父亲对他的伤害，并说自己无法原谅他。越是崇拜，就越失望，就越是痛恨他背叛母亲的行为，这种情绪在一个孩子心里是分裂的、无法处理的矛盾。

汤姆·卡拉翰在《他父亲的儿子》中写了有关厄尔和他的情人们的一些细节。其中在2001年英国公开赛期间，有一位"厨子"，当卡拉翰说她一定很会做饭的时候，厄尔忍不住笑了并且说："她倒是知道把碗里装满薯片。"还有一次在南非比赛的时候，一排应召女郎进入了厄尔的房间。父亲的纵欲使得泰格·伍兹的家庭貌合神离，母亲对待父亲的方式是无言和冷漠。他们从未离婚但是常年分居，他们之间唯一的桥梁是泰格·伍兹，他蒸蒸日上的高尔夫事业是父母间唯一需要沟通的事情。

泰格·伍兹从小就在这样一种压抑畸形的家庭氛围中长大，一方面他承受着内疚感，因为父母是为了他的缘故才没有离婚，特别是母亲委曲求全地与父亲在一起；另一方面，他感到时刻有一种责任，因为发现自己的天赋可以帮助父母恢复亲密，他要用自己最大的努力，去链接、修复父母间破碎的婚姻关系。而这种责任感带来的压力，是超出一个弱小的孩子所能承受的最大限度的。

在厄尔生命的末期，泰格·伍兹有一段时间和父亲冷战，他生父亲的气；厄尔因为女人陷入麻烦之中，是泰格·伍兹用金钱解决了麻烦。这场严重的冷战以母亲的劝和告终，她说"他要走了，而你则会后悔"。没错，父亲是伍兹的偶像，他没办法不爱父亲，但他又深深厌恶父亲的所作所为。他崇拜父亲，潜意识里一直在模仿并超越他；显然他做到了超越，但同时，他也变成了另一个厄尔。他无意识地从父母那里学到了两性之间的错误相处模式——欺骗和背叛；他游荡在女人之间，重走父亲的路，同时他在军事训练上越来越迷恋。他自己可能都没有意识到实际上他在重复着厄尔的生活。"镜子啊镜子，我们终于都长成了父亲的样子。"泰格·伍兹基金会的第一总监说。

2005年的冬天，每个人都知道厄尔已经时日不多了。那时候的泰格·伍兹日夜陪伴父亲，24天没有摸过杆——这是他自小时候以来最长时间的一次。他一直失眠，最后终于倒在地板上昏睡过去。葬礼后的几个月里，他的婚外情开始加剧。他失去了父亲，接着是他生活的重心，然后是他的方向，最终他的生活分崩离析。

曾经有一部惊世骇俗的电影《女性瘾者》，讲述了一个对性上瘾的女人如何用性去逃避所有问题、解决所有问题进而毁灭所有问题的故事。作为一个现实版的"男性瘾者"，伍兹的状况并没有好到哪里去：性对于他，不过是一种特殊形式的毒品，那短暂的快感能够让他暂时忘记生活中的烦恼，但随着快感结束，一切又会重回绝望空虚的轨道。这就迫使他以更高频率去追求这种快感。他不是性的主人，而是性的奴隶。

有着"色情的毒瘾"的一类人大部分时间都看似过着正常的生活，然后，有时他们好像变成了另一个自己，贪婪地沉浸在色情里。也许他们曾经相信，婚姻将会消灭那种寻求"外面的"性刺激的冲动，但结果并不是这样；就像伍兹的朋友曾经提过，在婚前伍兹就喜欢炫耀自己的性经历，那个时候他还是人们眼中的"金童"。婚姻并不能解决性毒瘾方面的问题，即使妻子是一个很有吸引力的人，但过一段时间，又会回到色情的老模式里。那个隐秘的伍兹根本没有消失，还要马不停蹄地去满足他贪婪的欲望；那种"色情的毒瘾"似乎具有自己的生命力，不以他的意志为转移。

对一个人上瘾我们称之为爱，对一群人上瘾就只能叫作欲了。对性瘾者而言，性往往与爱无关，只是单纯的交媾而已，讲究的是乘性而来，尽性而返，这种情况下自然也不会有亲密健康的两性关系。即使有性伴侣，这个伴侣也不是一个真正的人，因为性瘾者既无心、也无力去关注自己的性爱伴侣的感受；对他们而言，那只是一个物，不具有人性，几乎是机械性的过程中可替换的一个部件。

伍兹的"虎女郎"们就具备这样的特点：这些人中有五个是夜总

会的女招待，另外还有模特、电视主播、情色明星、中年邻居，和一个
"性饥渴的单亲妈妈"…… 伍兹其中一位绯闻女友露面，称他有性虐
待倾向，喜欢粗野的语言挑逗。"伍兹只是想要性，他的目标很明确，
找一些同样荷尔蒙旺盛的女子。"《华盛顿邮报》的吉文·汉姆撰文
说。交际花、酒吧服务员，他喜欢寻找的多是一些性态度开放的对象。

对伍兹这类性瘾症患者而言，性就是让他们保持健康的速效救心
丸，开始服用时自然感觉良好，但时间长了，生理、心理都会产生抗药
性。在没有其他特效药的情况下，又要怎么办？当然是增大剂量！这
也就是为什么伍兹会有那么多的花样，他需要越来越强的刺激才能满
足。他们其实明白自己的行为会招致的恶果，比如受到疾病的威胁、
家庭的破裂、公开的耻辱，但他们没有足够的力量来对抗毒瘾。他们就
像从摩天大楼往下跳的人，当他们坠落到第二十层楼时，心里还在合理
化："没事，一切都在控制之中。"他们的内心满是巨大的挫折与困
惑，上瘾者的痛苦是不见天日的。

在"偷腥门"之后，伍兹公开向家人和公众道歉："我深深地知
道因为我的不忠令那么多人感到失望并受到伤害，尤其是我的妻子和孩
子们。我想再次对每个人说，我感到极度的抱歉，并请求宽恕。这也许
无法弥补我所造成的伤害，但是我想尽自己最大努力。"伍兹接着说，
"经过那么多次灵魂的搜索、探究之后，我已决定无限期离开职业高尔
夫赛场。我必须把注意力集中在做一个更好的丈夫、更好的父亲和更好
的人上面。"

对性上瘾的人，是走在一条破坏家庭、毁灭自己的道路上。他们留
下了一连串毁灭的关系，在这些废墟里，他们的精神和灵性被扭曲。

除了父亲的影响，伍兹在性上面的迷失还源于他的野心。伍兹童
年最为沉重的灰暗，源自自己的肤色。当时的美国还不允许黑人参加

高尔夫球赛，对于一个孩子而言，在为富人们捡球、拎包赚取小费时，承受的是数不清的歧视、羞辱和刁难。这些愤恨和侮辱也是他奋斗的原动力，他的苦练都是为了可以证明自己，那动机是带有敌意和仇恨情绪的。这种身份带来的压力，在他的性爱中得到了释放，从伍兹性爱中的虐待倾向可以看到，他用征服女人的方式，确立自信，找回童年被挫伤的价值感和尊严。

伍兹是有野心的。他孩童时就表现出非凡的高尔夫天赋，他3岁时就击出了9洞48杆的成绩；5岁便登上《高尔夫文摘》杂志；18岁成为了美国最年轻的业余比赛冠军，并史无前例地在1994年、1995年和1996年完成了该赛事的三连冠。

泰格·伍兹最初的职业生涯只能用"过于完美"来形容。1996年开始，他赢下无数个冠军，从历史上第一个职业高尔夫黑人球员，到坐上世界排名第一的宝座，伍兹用了不到3年时间。他迅速成为高尔夫四大赛大满贯的最年轻球员，成为世界上最富有的高尔夫球手。在八年半的职业生涯里，他夺得了42座PGA巡回赛冠军奖杯，经历了大大小小十多个赛季，一共获得过62个职业赛事冠军，在30岁以前就能获得这么多大满贯赛次的高尔夫选手他还是第一个。

在这些荣誉的背后，隐藏着一个矛盾。他其实是天生内向的，但由于名誉和野心他要变得外向，这对他的性格来说是一种负担。他标志性的笑容其实展现了他的内心——腼腆的，有些自卑的，软弱的。他很多时候都宁愿一个人独自读书，或者只想和孩子们玩游戏，或独自健身，或独自打游戏；他直到高中都没有什么同龄的朋友，他的朋友就是父亲厄尔和厄尔部队的老战友们。

矛盾的伍兹用来喂养自己事业的不是对高球的热爱，而是一种类似精神毒品的东西，来自于以内心的仇恨和敌意为土壤而蓬勃发展的野心。这背后是一种空虚，所以在成功以后，他肆意挥霍，不仅是物质钱财上的，还有精神和灵性上的。他想要填补内心的空虚，性，成为他暂时的填补，也让他迷失其中。

在赛场上，他的黑色皮肤显得那样突兀，引来无端的嘲讽和辱骂，这个时候他是压抑又愤怒的；在自己深爱敬仰的父亲背叛母亲，背叛自己和家庭的时候，他是受伤又无助的；当他唯一可以沟通的父亲离世的时候，他又真切感受到那种爱恨交织的被抛弃的痛苦。这些情绪在暗处疯狂生长，像黑暗的植物缠绕他的心。他在性的快感中躲避寂寞，走上了一条不归路。

同样有过无数风流史的"空中飞人"乔丹退役后的生活因为和长年交往的女友伊薇特·普列托结婚而有了转折，现在他们生育了一对双胞胎，他为自己创造了一种新生活，他的时间和头脑被填满了。乔丹不止一次告诉伍兹他需要允许某人进入他的生活，和一个新人建造一个新生活，这样他也许可以从另外一个角度发现过往生活的意义。

是的，伍兹需要从原生家庭的阴影中走出来，从父亲的婚姻模式中走出来，从自己空虚的精神世界和逃避式的习惯中走出来，正视和面对自己接下来的人生。回顾过去，他可以清楚地看见自己曾是多么渴望爱与接纳，然而为了寻求解脱，却又背叛了自己的价值观、道德观。

愿伍兹最终从这片迷雾中找到方向，挣脱捆绑，获取灵魂的自由。

6. 每个家庭都有一个心理坑洞——胡因梦的顿悟

她是一个美人，她的美带有一种傲气，一种神秘而清冷的气场；她的前半生因美丽而脱俗，后半生因为脱俗而美丽。如果说，很多美女都不甘心做一世花瓶，那她则是把花瓶拒绝到极致，彻底改头换面。她太特别，她的人、她的路、她的爱、她的痛，都无法复制。她有一个写意的名字：胡因梦。

与有情人，做快乐事，别问是劫是缘。她是那个在咖啡厅与混血男人邂逅的胡因梦，是和大文豪李敖穿着睡衣在客厅举行婚礼的胡因梦，是41岁不顾风言风语坚持生下女儿的未婚妈妈胡因梦，也是剪短了发、一身素服的心灵导师胡因梦。她风风火火，用力生活，时而也在沉静中，内省自己，她彷徨、忧郁、疑惑、觉醒、重生，最后顿悟，一切源于自己初来乍到的地方。

胡因梦的父亲胡庚年，出生于1905年，老家在东北沈阳，是正黄旗血统，生得英俊。她父亲出生没多久，祖父就去世了。祖母是性子刚烈的满族女人，父亲未满两岁便因一件小事遭人误解，想不开便吞下了大量鸦片，跳河自尽。胡因梦的姑姑姐代母职，背着哭着找妈妈的父亲，在村子里踱步度日，两人就这么过了四五年。之后在叔叔家里寄住，性格抑郁，情绪上不知道怎么与人互动，长久压抑导致二十多岁就得了肺病。

胡因梦的母亲是安徽桐城人，她是填房所生的女儿，所以家庭关系比较复杂。原配已有两个儿子，小妾又生一个儿子，家里家外明争暗斗，孩子都为着母亲出气。大部分争斗围绕着金钱展开，争房子，争遗产。胡因梦的母亲从小就帮着她母亲打官司，金钱观就是这时建立的，她总有一种特别的危机感，只有金钱能够缓解她的焦虑，这也是原生家庭的伤害。

胡因梦的父母二人相识也蛮浪漫，几乎是一见钟情，两人认识时都有家室，各自脱离原本的婚姻伴侣走在一起；起初既没有和原配离婚，彼此也没有结婚，这在当时，也算相当前卫。

等两个人结婚，正式进入真实的现实生活，度过了热恋期，问题就开始不断出现了。胡因梦的父亲因为原生家庭的缘故，不知道如何表达感情，需要一个无条件接纳他、照顾他的女人；而胡因梦的母亲对此不能理解，她认为丈夫的冷漠是对她的虐待，为了让他改变，她选择了错误的方式，通过埋怨、发泄不满来促使对方认错，结果把对方越推越远。

胡因梦的父亲不仅讨厌妻子唠叨，还讨厌她终日以麻将为友，贪慕虚荣。父亲对此充满了鄙夷，曾和胡因梦说："金钱第一，她第二，别人第三。"他们互相不理解，也不能从根本上帮助对方，又缺乏沟通。

在完全不同的父母中间，胡因梦时刻感受到的是人格上的矛盾。父亲的宠爱纵容，母亲的严厉苛责；父亲的弱势，母亲的强势；父亲的被动，母亲的主动；父亲的沉默，母亲的善道；父亲的感性，母亲的理性。她无形中在情感上更依赖父亲，排斥母亲。

因为父母两人都不能用对方期待的方式对待彼此，越吵越凶，矛盾逐渐升级。胡因梦的父亲自尊而懦弱，喜欢逃避问题，经常远走异地，一走就是半年。胡因梦在这样无爱的家庭环境中长大，到她十多岁时，父亲和母亲离婚，原因是找到了真正的所爱。压抑的家庭气氛，仇视和愤怒，不断的争吵以及互相伤害，远远比离婚带给一个孩子更大的打击和创伤——胡因梦刚上初中，正是花样年华，就有了轻生的念头。

最爱的父亲抛弃了她，留下了一个整日愁眉不展，浑浑噩噩度日的母亲。她要么打麻将麻醉自己，家里满是烟雾缭绕；要么就是焦虑不堪，一直抽烟，在客厅走来走去。更多时候，她把愤怒倾倒在胡因梦身上；她就是看她不顺眼，就是要批判她、折磨她、否定她，才解心头之恨。孩子是无辜的，然而父亲的出走会让她本能地觉得是自己做错了事导致的，再加上母亲的痛斥，更加让她自责。她带着羞愧和自卑，永远没法抬起头来，找到自己活着的真正意义。母亲一时愤怒的发泄，对女儿造成了怎样终身的伤害，她永远不会懂。

胡因梦的母亲带着原生家庭的生存危机感，一看到危险的事就会勾起她的恐惧和愤怒，因为那是她真实的经历，而她的女儿恰恰就有这样一个放荡不羁的性格。胡因梦开放、任性、不懂设防、没有城府，在她看来都是不能忍受的，她对胡因梦根本做不到接纳和包容，给予的只有无尽的否定。可悲的是，胡因梦慢慢接受了母亲对她的否定，也否定了内在的自己，即使她优秀美丽，骨子里却充满了极深的自卑、低价值感、不安全感和焦虑。

这些来自原生家庭父母的精神状态，决定着一个人内心深处的波动，决定着一个人是否平静安稳，是否可以获得幸福。被母亲否定的胡因梦，一边恨一边依赖着，她无法离开母亲，因为她一定要从母亲的认可中才能接纳自己。她对母亲还有一种内疚感，父亲的出走，母亲的抑郁寡欢，让她认为自己要为他们的婚姻负责，为母亲的情绪负责。如此，胡因梦用15年的时间换母亲在金钱上的安全感。她从踏进演艺圈开始，就知道这里不适合自己，但她仍然坚持了下去，因为这样在金钱上可以让母亲满意。

胡因梦像其他单亲家庭的女孩一样，异乎寻常地渴求爱、寻找爱。她还是一个美丽的女人，游移在男人的爱情里，不知道他们爱什么，也没有得到过真正的爱情。她叛逆，与外籍男友过早发生性关系，把母亲气得要报警，要把她送到警察局。有些离异家庭的女孩就是利用性来表达愤怒，性是报复父母的方式，可以得到母亲所没有的男人，得到自己成长过程所欠缺的，也可以发泄愤怒与轻蔑。

胡因梦不喜欢德国文化，念了两年大学就要坚持退学；20岁的时候去了纽约，在与保守的中国台湾不同的地方，体会着截然不同的生活方式。她一直我行我素，执着自己的意念，又肆意消耗美丽与青春。

她最需要、最想得到的，始终是一个真的爱她的人。她的美貌和出众吸引了很多追求者，但她却偏偏被同一类男人吸引——脆弱敏感的、犹豫的、随时想逃避的，就像她的父亲。

认识李敖时，胡因梦已经在文艺圈大红大紫，她是当时男性心目中的梦中情人，她的艳丽夺目、十足的现代女性的另类气质极具吸引力。在李敖眼中，她那么特别，青春的脸上写满不羁，什么都不放在眼里，什么都敢尝试。胡因梦也对李敖充满了崇拜之情。

两个人互相吸引是一回事，但在一起实际生活又是另一回事。李敖的控制欲和极度自我中心让胡因梦无法接受。她想安慰和拯救这个情感封闭的人，但她始终难以做到，双方迥异的价值观时刻在说明这是一段错误的婚姻。最终两个同样强势的人也以同样轰轰烈烈的方式结束了这段短暂的婚姻。

两个人因为霸占朋友财产的是非打官司，一打打了几年。其实，两人都过于用力了，不至于到如此地步，但为何这般在意，说回来还是原生家庭的问题，触及了他们的敏感地带。胡因梦受不了母亲的唯利是图、虚荣贪婪，当她在李敖身上看到这一点时，儿时痛苦的记忆，母亲对父亲的伤害，自己对母亲宁可和父亲离婚也要把住金钱的怒火，一下子点燃，全部发泄到李敖的身上，导致两个人的不欢而散。

离婚之后，胡因梦瘦到只有八十多斤，她一直没有再重新振作起来。期间，父母先后离开了人世，她孤身一人，爱上一个不该爱的人，发现自己怀孕后固执地要生下孩子，全天下的人似乎都在看她的热闹。生下女儿之后的三年，她患了严重的抑郁症，人们再也见不到美丽又神采奕奕的胡因梦，看到的是一个憔悴不堪，满脸湿疹，要撑不下去的不幸单身妈妈。

黑暗的尽头往往是光明的起点。走到尽头之时，无所依靠之时，她终于认识到了真正的自己；她看懂了这一切苦难的源头，正是她的原生家庭。

胡因梦感悟道："大家带着代代相传的内心暗影彼此共处。当我们怀着这些创伤长大之后，会发现我们明明不想重复父母的错误模式，却会不由自主地把父母加诸在我们身上的不良影响，投射到我们的亲密关系中，甚至我们的下一代身上，于是造就代代相传的伤害。"

她告别了演员胡因梦，不再为别人而活，勇敢接纳了真实的自己，随心而行。起初，她做环保事业，做着做着，发现环保根本是人的问题。她开始对写作感兴趣。一点点地，她拼接自己：研读各类心理学书籍，学习禅宗的内观……她在寻求与自己和解的路上越走越好。

虽然她执意生下了女儿，但产后三年的抑郁证明她其实并没有做好准备。她厌恶自己母亲的强势与掌控欲，可在单亲妈妈的这条路上，她要一直与自己像母亲的这一部分斗争，提醒自己来自原生家庭的影响。

几十年过去了，李敖被诊断为癌症，八十高龄的他仍在自苦；他喊话前妻，请求见面诀别，并将见面录成节目播放。这一生，李敖爱她、骂她、控制她、诋毁她，但胡因梦永远只是笑笑说：李敖是我的"恩人"，他还没有走出来，他有自己的功课需要做。

失败的婚姻，是她重生的一次机会，她抓住了，勇敢地从磨难中走了出来，从自我认知的狭小视野中走了出来。她看到自己存在的问题，情感的依赖、控制和占有、自卑和自怜，在童年父母留下的创伤里，她觉醒并得到了自我的医治。

她终于走出了生命的迷雾，接纳了自己，那个少年时叛逆的自己，那个被父母伤害的自己，那个被爱人谩骂的自己，那个堕落绝望的自己，那个抑郁想结束生命的自己，那个在洪流中寻到真理的自己，那个有能量照亮别人的自己。

如今的胡因梦，短发、质朴、洒脱，笑容温暖而明朗，无拘无束，与比自己小十岁的男友相知相守。历经人世繁华，走过阴郁低谷，是直面自己的勇气，带来生命不可思议的蜕变。不是别人眼中的女神，而是自己喜悦的样子。

第五章

别让"病态家庭"毁了你的一生

1. 缺爱的孩子经不起别人示爱——阮玲玉的心灵创伤

她在人生最绚丽的时刻选择凋零，在人世的孤寂中，选择了永远的沉默。25岁香消玉殒的她，留给世人的最后一句话是"我很快乐"。她离世的那天，仅上海就有5名少女自杀，她们留下的遗言都是"她死了，我们活着还有什么意义？"一周后，30万民众自发为她送葬，队伍长达十来千米，美国媒体称其为"近代国际上最大的葬礼"。

这个人，就是阮玲玉。

1910年4月26日，祖籍广东的阮玲玉在上海出生。她6岁那年，父亲就积劳成疾，因为肺痨去世了，母亲带着阮玲玉去做佣人，从此过上了寄居的生活。因为不能随便走动，阮玲玉的整个童年就在用人居住的后院度过，充满了孤独和约束。

15岁那年，她人生中第一个男人出现了，这就是母亲所服侍的大户人家的四少爷张达民。18岁的少年春心萌动，猛烈追求着出落得亭亭玉立的阮玲玉。从小没有得到什么关注的姑娘，没有经历过被人这般嘘寒问暖，没听到过这么多甜言蜜语，也没有收到过如此贵重的礼物，母亲何阿英倒是兴奋得一直撮合。

在那个年代，一个少爷没有门户观念，实属难得；阮玲玉渐渐动了心，也习惯了这种被关爱的感觉。可张达民的父母知道后大发雷霆，坚决反对。情急下，张达民建议阮玲玉搬出大院，和他住在一起。那年阮玲玉16岁，从此退了学，早早过上了未婚同居的生活。

少爷做惯了的张达民不思进取，整日吃喝玩乐，可钱总有花完的一天，家里的担子于是就落在了阮玲玉身上。为了帮阮玲玉维持生计，张达民的哥哥张慧冲建议阮玲玉去面试电影演员。阮玲玉听从建议，去参加了明星影业公司的面试，结果被导演一眼相中，出演《挂名夫妻》的女主，随后又拍了《北京杨贵妃》《血泪碑》等电影，开始了她的电影事业。

阮玲玉辛苦带回来的钱，都被张达民挥霍一空，他不是赌博就是抽鸦片，常常一宿一宿在外面鬼混，甚至还偷阮玲玉的钱，逃得远远的，让阮玲玉一个人面对逼债的人。阮玲玉一再容忍，觉得自己能够感化他，希望张达民浪子回头；但张达民变本加厉，公然表示不把阮玲玉看在眼里，只是看她长得漂亮，两人早已没有了感情，阮玲玉因此曾服毒自杀未遂。

在与张达民的纠缠中，阮玲玉好像戴上了一副无形的镣铐，对方手握她致命性的把柄，困住了她的手脚，让她寸步难行。她终于看清了一切，那些心动和承诺好似烧过的灰烬，脏兮兮没有任何分量，毫无意义。她只能在自己画地为牢的生活中，一忍再忍，日复一日。

这时，阮玲玉生命中的第二个男人唐季珊出现了，他对这个漂亮的电影明星垂涎已久，听说了阮玲玉的感情变故，便趁机疯狂追求她，经常到片场送鲜花。唐季珊成熟、稳重，对阮玲玉疼爱有加，阮玲玉被这一网温柔缠住，挣脱不开。从唐季珊那里，从小缺失父爱的阮玲玉好像得到了某种补偿。

1933年3月，阮玲玉带着母亲何阿英和养女小玉，在唐季珊的三层小洋楼里开始了同居生活，从一段破坏性的关系跳入另一段不明朗的关系，阮玲玉在激情的波涛下，被冲得晕头转向，没有辨别方向的能力。她明明知道唐季珊有家有室，但就像她曾经对一位好友说的："我太软弱了，我这个人经不起别人对我好。要是有人对我好，我也真会像疯了似的爱他！"

真正的爱是两情相悦，有灵魂的共鸣，有情感的相互吸引，而阮玲玉的爱，只是因为"他对我好"。虽然有着倾城的美貌和艺术才华，可以赢得美好的爱情，但阮玲玉却自卑到骨子里，认为有人对自己好，自己就该感天谢地了。她爱，并不是因为她真的爱，而只是想得到爱，这种错误的出发点，注定了悲惨的结局。

正是因为缺少爱，才经不起别人的示爱。一个自信阳光，敢爱敢恨的女孩，背后一定有一个支持她、关爱她的父亲，让她可以相信她自己也足够好，不需要依附任何人，可以勇敢做自己。阮玲玉没有这种父爱带来的自信，她需要得到确认才可以认可自己，所以她寻找一个又一个对象，让他们告诉自己，他们爱自己，自己是值得被爱的。

1933年4月，当张达民发现时，阮玲玉已经与唐季珊同居多时了。怨恨和羞辱充满了他的心头，他发誓要狠狠报复阮玲玉和唐季珊。最终，阮玲玉签了契约，连续两年，每月支付给张达民生活费一百元，才使得这场纠纷告一段落。

悲剧的是，阮玲玉摆脱了一个渣男，又来了一个。与她同居不久，唐季珊便原形毕露，当初持重儒雅的风度、甜言蜜语的表白荡然无存。他控制欲极强，不许阮玲玉会朋友，参与聚会，粗暴对待阮玲玉，想骂就骂，想打就打，全无爱惜。阮玲玉曾向朋友倾诉："张达民把我当作摇钱树，唐季珊把我当作专利品，他们都不懂得什么是爱情……"

说到底，阮玲玉真的怪不得别人，只能怪自己。事实上，她身边一直有人在提醒她，让她擦亮眼睛。张织云就曾经写信给她，信里说，唐季珊在广东有一个原配夫人，因为唐季珊的发迹全靠那位原配夫人家里的财力和势力，所以一直不敢离婚。"我跟了他两年，被他玩弄了两年。他玩弄女性，喜新厌旧。我断送了自己，我的黄金时代就这样被糟蹋了！他找到了你，背后跟人说：玩一个比张织云更红更漂亮的女明星。玲玉，你我不熟悉，可我们是同行，希望你别再走我的老路。你戏演得好，比我有成就，更要珍惜自己，千万要珍惜啊！唐季珊不可靠！不要相信他的甜言蜜语！"但当时的阮玲玉不听劝告，她总觉得男人会因她而改变，她迷失在被温柔宠爱的感觉和表象中。

阮玲玉第三个男人是蔡楚生。对张达民和唐季珊绝望至极的阮玲玉，在主演蔡楚生导演的《新女性》一片时，与这个男人燃起激情爱火，她以为寻找到了新的希望。1935年春该片公演后，阮玲玉因主演的人物颇受非议而累及自己，私生活被曝光。此时张达民状告阮玲玉与唐季珊伤风败俗，通奸卷逃，阮玲玉收到了法庭传票。

阮玲玉把最后的希望寄托在蔡楚生身上，她跑去找他，希望两人一起逃离上海"结了婚再回来"。可蔡楚生被吓坏了，他担不起这样的风险，他乡下还有老婆，阮玲玉在他惨白的脸上看到了自己的结局，"骆驼"终于被最后一根稻草压垮了。

张达民不想放过阮玲玉，他气这个女人背叛自己，气这个女人和比他更有钱的男人在一起而羞辱自己。一纸文书把阮玲玉告上法庭，状告她"窃取衣物""侵占衣饰"，后来又状告她伪造文书和通奸罪。

阮玲玉开始承受不住这排山倒海的压力。伪造文书的状告让她哑口无言，因为她确实私底下刻了图章，把张达民名下的钱转入了自己母亲的钱包里。这个状告最终将阮玲玉推入死地。

1935年2月27日，上海地方法院开庭审理此案，阮玲玉称病未到庭而改到3月9日。

媒体抓住机会大肆报道，什么《张达民将控阮玲玉通奸》《背张嫁唐都是为了财产》《三角恋爱纠纷未了，继以通奸罪起诉》，等等。阮玲玉面临名誉扫地、事业毁灭的困境，最终在这种恶意包围中，她走上了不归路。1935年3月8日凌晨一点，法院开庭前一天，阮玲玉服安眠药自杀。

据阮母何阿英回忆，阮玲玉服药没多久，唐季珊就发现了。当时上海市中心有很多医疗条件很好的教会医院，只要处理得当，是可以救活的。但唐季珊怕更多人知道此事，自私地选择了地处偏僻的外国人开办的医院，辗转两地都没有值班医生，耽误了治疗。

阮玲玉的一生可歌、可泣、可叹。她有惊人的美貌与才华，本该有着美好的事业、幸福的人生，为何结局却这般凄惨？原因很多，其中的重要原因就有她的家庭环境和成长经历。

父爱的缺席使得阮玲玉一生都在寻找爱，弥补心灵的空虚。一个女孩儿如果拥有温暖的父爱，会有足够的内在力量去主动争取幸福，她会看重自己、珍视自己，不会随意看轻和出卖自己的身体。一个拥有父爱的女性，会较少出现心理问题，她可以自己调节情绪，找到让自己快乐的方法。与之相反，很多缺少父亲关爱的女性，总是在饥渴状态下寻找爱和性。她们经常会让自己陷入未婚先孕，爱上已婚人士等尴尬处境，因为她们并不知道什么样的男性是值得自己去爱和付出的。她们总是看错人，结束一段关系又开始另一段更错误的关系；像自带负能量的磁场，总会吸引一些劣质男来到身边。她们的"爱"往往陷于性中，也止于性中，体会不到精神层面更深入的交流和共鸣。这样的女孩一旦被纠缠于某种情感关系中，就会丧失理性，用一切方法迎合对方，哪怕自己的尊严被对方践踏碾碎。

阮玲玉没有那么幸运，她毫无例外地成为了"渴求被爱"的典型，患上了"情感依赖症"。阮玲玉不懂得在情感上保持独立，无数影迷的爱也无法填满她内心爱缺失的空白，她始终在寻找，从一段关系跳到另一段关系，从依赖一个男人到另一个男人；她一直在寻找那个最对的最完美的爱人，却把自己逼到了绝望的死角。

这一类对情感依赖的人群，都是严重缺乏安全感的人，他们根本上在意的是有人陪伴，不被抛弃。一个人生活的孤单与被抛弃的恐惧，把他们锁在依附的那个人身边，动弹不得，哪怕是一段破坏性的关系，被打被骂，也绝不离开。他们好似通过这种方式找到了自己的价值，获得了被需要的空洞价值感。他们往往找到的都是一些不负责任的人，对方越不负责，越想逃离，情感依赖者越在原则上妥协，尽力挽留这种互相纠缠的关系。

对情感依赖的人，眼前好像蒙了一层雾，看不清真实的景象。当其他人都能看出这是个骗子，或这是个花心的人时，情感依赖者却认为对方完美无缺，对方有再大的缺点也无法阻挡他们爱的脚步，他们会对这些缺点视而不见。

也许有的人想揭穿他们的幻想，提示说这个人靠不住，但情感依赖者仍会以百分百的信心打包票，认定这次绝对不一样。他们的行为让人困惑，像入了某种邪教，很难叫醒。对这类人，周围人的评价往往是："我认为她应该离开他。""你知道，他有妻子的。""为什么每一次她结交的男人，都对她这么坏？""他把她看得好像一文不值。""她好像一块磁铁，把世界上所有的渣滓都吸引到身边。"

阮玲玉的父亲很早去世，父爱缺席这个事实不能改变，而母亲何阿英虽然一直在阮玲玉身边，但并没有给她爱的力量，相反更多的是伤害。何阿英同阮玲玉说的最多的话，就是养她长大太辛苦，不容易。她特别懂得抓住阮玲玉内疚的心理，让她为自己服务。阮玲玉对待男人的方式，她的世界观、价值观很多都是受母亲影响，更是在她同意和支持下做出的决定。什么样的母亲会让16岁的女儿辍学与男人未婚同居，又是什么样的母亲会让女儿做有家有室男人的情妇？她看中的唯有金钱和自己的利益，还有如何为自己的生活提供保障。

何阿英确实一步一步实现了自己的梦想，从帮佣为生到不用干活整天打牌，再到住进洋房，而女儿却一步一步把自己逼到生命的尽头，在最好的年纪离开了人世。这样的母亲让人心寒，人性的丑恶在利益和死亡面前暴露无遗，不是所有的母亲都配称为母亲。

父爱的缺失，母亲的自私，爱人的背叛和反目，阮玲玉所有的人际关系都是灰暗的，破碎不堪的。她渴望得到爱，她如同置身于大海中的小木筏上，在风暴中漂浮，他人的期望，就好像波浪一样，不停把她荡来荡去，摇摆不定；最终，她迷失了自我，没有来得及在水面上喘一口气，就沉入水底。

2. 骨子里的叛逆——漂泊者萧红

1911年的6月1日农历端午节，在位于黑龙江省呼兰县城的张家大院，26岁的女子姜玉兰生下长女张乃莹。张家祖上是从山东闯关东过来的，到了爷爷这一辈搬到呼兰县，是地主人家。张乃莹的出生并没有为家里平添多少欢喜，她重男轻女的父母渴盼的是一个男孩的到来；加之她又出生在屈原的忌日，当地说法这一天是恶日，一年中毒气最盛的一天，这天出生的小孩会克父母，家里人认为这是极不吉利的，还把她的生日改成了6月2日。

谁也不会想到，这个被大家说晦气的女孩，在几十年后会被誉为"20世纪30年代文学洛神""民国四大才女之一"，也不会想到这命不好一说果真一语成谶，她一生风雨、颠沛流离、疲于奔命；她为情所困、红颜薄命，31岁就香消玉殒。她给自己起的笔名，叫萧红。

萧红的祖母因为她出生的日子耿耿于怀，对她有很深的成见，萧红的父母也因为她是女孩而冷落她；她似乎一出生就不受欢迎，亲人都刻意和她保持距离，仿佛真的怕沾染什么厄运。这样的拒绝使得萧红从小就固执叛逆，越是不要她做的事越想做，越说她命不好，她就越要争取自己的命运和自由。

萧红曾这样写父亲："父亲常常为着贪婪而失掉了人性。他对待仆人，对待自己的儿女，以及对待我的祖父都是同样的吝啬而疏远，甚至于无情。"

"九岁时，母亲死去。父亲也就变了样。偶然打碎了一只杯子，他就要骂到使人发抖的程度。"

"每从他身边经过，我就像自己的身上生了针刺一样，他斜视着你，他那高傲的眼光从鼻梁经过眼角，而后往下流着。"

父亲在小萧红的眼里是冷冰冰的，漠视的，她丝毫不能感受到来自父亲的呵护和爱意。而母爱同父爱一样的冷漠和稀薄。萧红的母亲信奉着"女子无才便是德"，不愿意让萧红识文断字，更愿意让她成为一个循规蹈矩的大家闺秀，让她帮忙持家，哄弟弟妹妹。萧红曾这样写母亲："母亲并不十分爱我，当她有了儿子——张家的血脉传继人，自然对他金贵得了不得，再顾不上荣华那'大丫头片子'了。"

母亲去世不到三个月，父亲张廷举就续了弦。继母对萧红更加冷若冰霜，从不打她，只是指着桌子或椅子骂她，客气得让她觉得自己是个外人。继母也是幼年丧母，对孩子们也算客气，但她难免在张廷举面前流露出对萧红的不满。加之其他原因，萧红和父亲的关系最后难以缓和。

母亲和祖母都不在了，家里唯一的女人是冷漠的继母，萧红姐弟的生活主要靠祖父来照顾。那是她童年唯一的温情时光，虽然短暂，也足以安慰她失落的心。在祖父那里，她可以尽情高喊，喊多大声都不怕。她还有一个属于自己的广阔天地，是屋后面的大花园，占地两千平米，在那里她与祖父留下了很多美好的童年记忆。"要怎么样，就怎么样，都是自由的。"萧红的内向、孤僻和喜欢读书，也是从那个时候开始的。可惜祖父后来也染上了大烟瘾，无暇再照顾姐弟俩。

父亲送萧红去上学，一个原因也是因为要避免她与继母的矛盾。"五四"新文化之风吹醒了她的觉悟，她开始用全新的眼光去看这个世界。在别人眼中，她剪短头发，参加游行，越发叛逆激进。萧红的变化，让父亲深深担忧，他支持反封建的思想，也支持新文化运动，但是萧红一下子成了激进青年是他未曾想到的；他担心萧红鲁莽倔强的性格会闹出大事。

因此，当萧红初小毕业，吵着要上中学时，家里人就开始反对。女儿遗传了父亲的倔强性格，两个要强的人在家里吵得昏天暗地，最后萧红还是为自己争取到了去哈尔滨中学上学的权利。

萧红的父亲，自己的人生就充满了纠结和无奈。他见过世面，也有先进思想，却没有对抗传统的勇气，仍然在老式的婚姻中，娶了萧红的母亲。他支持新思想，但又怕女儿太另类；他反对传统，自己又重男轻女。似乎是遗传的原因，又脱不开原生家庭的影响，萧红一生也终是走了父亲的老路，一边追求自由独立，一边又不能放弃对男人的依赖，新的思想，旧的观念，夹杂在中间，进退两难。

父亲在萧红初中时，就给她订下一门婚事。汪恩甲，是地主家的儿子，两家也算门当户对。有时，他会去哈尔滨看正在读书的萧红，两人不深不浅地交往着，若是走向婚姻，也顺理成章。但是萧红的叛逆是不允许自己这样"堕落"的；作为新时代的女性，她一定要挣脱封建的桎梏，后来，她真的逃婚了。

萧红第一次逃家，是跟随已婚的表哥私奔，到北平读书。那时的北平成为"五四"新女性的向往之地；大学解除女禁，妇女参政组织增多，新女性们都以出走的娜拉为榜样，反叛家庭、发现自我。萧红被新思想新思潮吸引着、震撼着，她常和同学们去看电影，一起讨论文学、艺术，文坛上出现的冰心、庐隐、凌叔华、丁玲等女性作家都是她崇拜的对象。后来两个人的钱花光了，无奈回到东北，萧红答应了结婚这件事。

第二次逃家，表哥没有跟着她去北平；她竟然写信给了汪恩甲来陪她。两个人花光了家里给的所有钱，一起回到哈尔滨，那时已闹得满城风雨，引来他人的嘲笑。萧红名誉扫地，成了一个伤风败俗的人，先是和表哥，后是和汪恩甲，简直没有廉耻。汪家大动肝火，因为萧红和表哥私奔，取消了婚约；萧红却非要与人对着干，硬是把汪家大哥告上法庭。萧红想证明汪恩甲并没有解除婚约，但在家人和萧红中间，汪恩甲还是选择了家人，败诉的结局导致了萧红悲剧的开始。父亲因教子无方被撤职，张家在呼兰城再无立足之地，只能全家迁移。无奈下，绝望的父亲开除了萧红的族籍。

叛逆如萧红，终于获得了自由。可无家的饥寒和困苦，使她想念家的温暖，她甚至羡慕有自己草窝的狗，和平日她所可怜的那些妓女。在焦虑下，她又回头去找汪恩甲，与汪恩甲在东兴旅馆一住就是七个多月，期间还怀了他的孩子，直到两人坐吃山空，欠了旅馆六百多元，汪恩甲借故回家取钱还债，就一去不返。挺着大肚子的萧红，交不起租费，被旅馆扣下当人质，威胁要把她送去妓院。走投无路之际，她向报馆求救，一众文艺青年对她深表同情，萧军是其中一位。他们见面的第一天，萧红就把自己给了他，即使她怀有身孕。后来，萧红因松花江决堤得到机会，逃出旅馆。要生产时，萧红没有钱住院，是萧军用刀子威胁医生才得以生下孩子；一出生，孩子就被送人了。

在贫困交加中，萧红与萧军开始了饥寒交迫的蜜月生活。这段被萧红称为"没有青春只有贫困"的生活，是她一生中最美好的时光。在萧军那里，她找到了一些安全感，温暖和爱，也没人敢像以前那样轻易欺负萧红。和他在一起，她学会了写作。她一无所有，唯一的资产就是女性的身体，她把女人的尊严和身体押进去，换一个男人的喜悦和爱。对她来讲，性是工具，换取利益，取悦男人的工具而已。这也是她的叛逆，她寻求的开放和自由。

从1931年开始，到1936年和萧军分手这6年的时光，她从一个一名不文的贫弱女子一跃成为文坛的知名作家，从社会底层进入社会主流，但萧红的精神和肉体上所遭受的痛苦却与日俱增。因为生孩子，后期没有得到很好的护理，萧红埋下了各种病根儿，头痛、贫血、胃病、肺炎、和妇科病，同时，她还吸烟喝酒不断折腾自己的身体。丁玲曾回忆道："觉得有种很可怕的东西会来似的，有一次我同白朗说，萧红绝不会长寿的。不幸的是我的杞忧竟成了预言。"

对于萧红的体弱多病，萧军是不理解的，也不关心。他不仅不关心，反而对这个多病之躯施以暴力。他经常对萧红拳脚相向，只要萧红表现出不满，他就会拎起学过武术的拳头狠狠打过去，有时甚至没什么原因，就只因为这个自己已经不再爱了的人在眼前晃来晃去，就要对她拳脚相加。萧红常常伤痕累累。

被家暴的事情萧红没有告诉任何人，即便是亲弟弟，她怕影响萧军在弟弟心目中的形象，从此看不起他。有一次，萧红左眼带着遮不住的淤青去参加作家见面会，许广平关切地问起淤青的事。萧红掩饰说是晚上楼道里灯光暗，给碰的。萧军不买帐，他肆无忌惮地在一旁冷笑：别不要脸了，明明就是我打的嘛。众人惊骇。萧红继续卑微地讨好地替萧军掩饰：别听他说，他不是故意打的，昨晚他喝醉了，我劝他，他酒劲发作给了我一拳，他喝多了酒总是要发疯的。大家默然无语。

萧军的暴力也来自原生家庭。他母亲就因不堪忍受父亲的家暴而自杀，萧军更是在父亲的暴力下长大。他与女人的相处模式重蹈了父亲的覆辙。缺少母亲的疼爱，在坚硬环境中长大的他，形成了暴躁、易怒的性格，处理事情也是简单粗暴，只相信拳头。这是他的不幸，也是萧红的不幸。

之后，出轨，对萧红写作的蔑视，践踏她的尊严……萧军变本加厉，直到一切不能再挽回，在萧红对萧军绝望的时候，她遇到了端木蕻良。缺爱的人，只要得到一点点爱的表示，就想付出十倍的爱来回报。她说，我在"温暖"和"爱"的方面，怀着永久的憧憬和追求。

当端木蕻良向萧红表达爱意时，她欣然接受了。1938年4月初，三人在西安一所中学碰面后，萧红微笑着对萧军说："三郎——我们永远分离罢！""好。"从此，萧红再也没有见到萧军。

萧红与端木蕻良返回武汉，过起了同居生活，她仍然像上一次一样，怀着之前男人的孩子。端木蕻良与萧军不同，他性格温和，比较体贴，萧红想着这次可以一帆风顺，得到幸福了，可不想她又一次作出了错误的选择。端木性格软弱，依赖心强，大大小小的事都由萧红来做，而萧红本来身体就不好，琐碎的生活更让她厌烦。

当爱情在生活中磨平了棱角后，该产生的亲情还没有形成，这样的婚姻继续下去注定不会有幸福。在日军逼近武汉之时，只有一张船票的端木蕻良只身去了重庆。

1938年底，萧红只身前往重庆，在好友白朗家生下一子，孩子不久夭亡。1940年，萧红随端木蕻良离开重庆飞抵香港；香港沦陷，端木再次抛下萧红，独自逃亡。萧红在贫病交加中，坚持创作了中篇小说《马伯乐》和长篇小说《呼兰河传》。

1942年，31岁，萧红濒临死亡的时候，最爱的人不在身旁。"平生受尽白眼和冷遇，身先死，不甘，不甘……"这是她在异乡，孤苦地离开人世之前，留下的最后的遗言。

她的一生，可怜，可叹。她叛逆、任性、执拗、盲目、鲁莽、乖张、极端、病态，但其实她执着的，唯有爱。那是家庭缺失的爱，那是应该属于一个女孩的爱，那是她一直憧憬向往着，相信凭着自己的努力可以争取到的爱。为此，她盲目向前，好像一只看不见方向的飞蛾，胡乱拍打翅膀，却不知前面等着她的是死亡的蛛网。

她的叛逆终是没能拯救她逃出这命运的大网，却应验了那恶日的诅咒。

3. 摘不掉的面具——忧郁公子纳兰性德

　　顺治十一年，纳兰性德出生于北京满族贵族世家，小名冬郎，字容若。他的父亲明珠，是康熙时期的相国，权倾朝野，执掌大权；母亲是满族正黄旗，是清初最显赫的姓氏之一，叶赫那拉氏。

　　纳兰性德从小过着锦衣玉食的日子，但他不满足于悠闲自在的富贵生活，少年就立志，在父亲浩瀚的书海中阅卷无数。他拜徐乾学为师，18岁考中乡试，19岁考中进士，22岁被授予御前侍卫，后来晋升为一等侍卫，随康熙微服私访，常侍左右。他年轻有为，富贵、权利、荣誉他都有，但快乐与他却无缘无份。纳兰性德骨子里的伤感、忧郁还要从原生家庭说起。

　　《啸亭杂录》中记载，纳兰的父母都是为富不仁、残酷暴虐之徒。他的父亲明珠买各业奴仆，在奴仆中立"主家长"作心腹走狗，奴仆稍不遂意，"主家长"可以将他立毙杖下。

　　所幸，在纳兰身上有的只是纯真与忧郁，丝毫没有血腥与贪婪的影子。对于父亲的价值观，纳兰是无法接受的；当他看到父亲贪污受贿的丑恶嘴脸，看到权钱交易后的肮脏和罪恶时，感到非常痛苦。他无法改变现实，只能压抑真实的感受，戴上一副迎合父母的假面具，将孝道武装到底。他那么期待父亲可以理解他，但在思想观念和价值观上，他和父亲永远没有交集。

　　在《采桑子·塞上咏雪花》中纳兰写道："非关癖爱轻模样，冷处偏佳。别有根芽，不是人间富贵花。谢娘别后谁能惜，漂泊天涯。寒月悲笳，万里西风瀚海沙。"由这首词可见，纳兰少年时就不甘心做"人间富贵花"；他想远离尔虞我诈，讨厌任何与虚伪有关的事物，荣华富贵不是他所追求的，他甚至想撇下一切去流浪。他出生于怎样的家庭，父母是如何的人，这是他不能选择的，当他的追求，与父母的要求相冲突时，他只有牺牲掉自己，选择顺从，心头的委屈、无奈只有在文字里才能稍得一些安慰。

纳兰的母亲觉罗氏，"性妒忌，所使侍婢，不许与太傅交谈。一日，太傅偶言某婢子眸子甚俊，凌晨，夫人命侍者捧盒太傅前，即某婢双目也"。这样心狠手辣、独占欲极强的母亲，又会给予纳兰性德多少温暖和安慰？纳兰性德从小更多的是和奶妈在一起，他能长大是奶妈和仆人一起抚养的结果，母亲并未对他尽心；母子几乎都没有什么亲密相处的机会，沟通就更不用说，几乎是零，纳兰对母爱极度渴望。

家，应该是人们最具有安全感、最能让人温暖依靠的地方。然而，纳兰的家却一片冰冷，那里只有父亲的强势，对他的不理解，和母爱的冷漠与缺乏。他遇到大事小事，烦心或者不自信时，都无法从"家"这里汲取力量，连倾诉的地方都没有，他感到无边的孤独和迷惘。

纳兰在《南乡子·为亡妇题照》中曾哭诉亡妻："泪咽却无声，只向从前悔薄情。"可想而知，处于这种残忍冷酷的家庭中，纳兰的的妻子会受到何等委屈与精神的煎熬，因此，每每怀想悼亡，他都难抑不平之气，并因此深感内疚，愧对亡妻。

纳兰写过很多悼亡诗，都是为他的爱妻卢氏所写，那是他生命中不能承受之痛。卢氏，是纳兰性德一生的挚爱，是与他结发要相濡以沫，白头偕老的心上人。虽当初结合是由于政治的原因，但二人却一见钟情，深深相爱，纳兰对待妻子尊重体贴，全然没有大男子主义。婚后的生活美满恩爱得让人称羡不已，这样和谐的一对，在封建制度下非常少见。

"戏将莲药抛池里，种出莲花是并头。"

"偏是玉人怜雪藕，为他心里一丝丝。"

纳兰的十六首《四时无题诗》，描写了与卢氏的绵绵情意，丝丝入扣，他们心灵间的默契跃然纸上。卢氏的爱，照耀了纳兰性德冰冷的内心，她填补了纳兰空虚迷惘的生活和情感的空白，给了他一切想要的温暖与关怀，医治了他原生家庭的创伤。在她面前，纳兰可以做真实的自己，不用有任何的掩饰，他受挫时的沮丧，在仕途中遭遇的委屈或愤怒，都可以和爱妻倾诉，并得到完全的接纳。那段有卢氏的日子，是他这一生最幸福的时刻。

可惜，天不遂人愿，美好的时光总是易逝。康熙十六年五月三十日，卢氏因产后受寒永远离他而去了。纳兰巨大的失落和痛苦无处倾诉，他对生活的希望刚被点燃又顷刻被熄灭，从此，无尽的哀婉凄楚融在他的生命里；那种相思之苦和怅然若失的心绪始终萦绕着他，他只能借着悼亡诗来稍微缓解一下心中无尽的苦楚。

在爱情上失意的纳兰，同时还要面对事业的不如意，这让他心中更加苦涩。

"竟须将、银河亲挽，普天一洗"，这是纳兰在《金缕曲》中抒写的理想追求。他年少就以弘扬儒理为自己的志向，然而现实是，他只能从事极其枯燥单调的工作，十余年如一日地担任侍卫。他在文学上特有的才华、天赋，他的满腔热情和渊博见识都无处施展。他所想的很简单，不过是继续攻读经史，著书而已，因为那是他最擅长也最适合做的事，但他必须在现实和理想之间权衡和取舍，十多年单调的工作让他饱受痛苦，磨灭了他的心性和意志。

　　纳兰内心的声音一直在为着自由而呐喊：挣脱繁缛礼节，寻求自己的幸福吧！但表面上，他却波澜不惊，看不出有一丝心底的波动。为了让父亲满意，脸上"孝道"的面具从未被他摘下来过，一切伦理纲常，没有逾越过半步，不知这是他的软弱还是他的坚强。

　　纳兰那莫名失落的孤独感，就是他的真我一直被压抑的缘故。对于富贵利禄，他是不屑甚至蔑视的。他在《通志堂集》中这样写道："乘险叹王阳，叱驭来王尊，委身置歧路，忠孝难并论；有客赍黄金，误投关西门，凛然四知言，清白贻子孙。"这首《拟古》描写了汉代杨震拒不受贿的事件，纳兰赞美了那种廉洁高尚的精神。这首诗多少也想委婉地表达对父亲明珠受贿的抗拒。他对父亲的行为深恶痛绝，甚至有时有反抗的想法；他知道父亲一旦被发现是一定要被判重刑的，他也不曾一次劝说父亲。

　　因为父亲，纳兰经受着极大的压力。父亲明珠步步高升，最后官至宰辅，但贪污受贿的行径，暗地里的结党营私却让他树敌众多，这让心思细腻的纳兰看在眼里，忧虑在心里。纳兰就在康熙身边，了解皇帝有何等精明，又是何等心思缜密。他害怕东窗事发，害怕父亲遭遇不幸。他终日生活在惧怕和不安中，之所以恪尽职守，潜意识里更多的是替父亲赎罪，让家庭免于一场灭顶之灾。

　　原生家庭中，父亲和母亲的绝对强势，也造成了他性格上的懦弱。他习惯了压抑真实的想法，婚姻被父母包办、随意安排是如此，事业上不能有自己的意见亦如此。

　　渐渐地，纳兰觉得自己的宏伟抱负难以实现时，性格的懦弱，对现实的逃避使他走上了消极遁世的道路。纳兰的《忆江南》中写道："心灰尽，有发未全僧。风雨消磨生死别，似曾相识只孤檠，情在不能醒。"纳兰觉得自己早已心如死灰，与出家为僧无异了。当建功立业的希望变为绝望，理想不能实现的痛楚时刻啃噬着他的内心。

痛苦的纳兰只有带上人格面具，才能貌似平稳地生存在那个不令他如意的社会，才能满足父母和外界对他的期望，而他只能抑制内心最简单、最真实的想法。然而，那被压抑的真我，使得他的内心更加空虚、寂寞，那是他痛苦的源泉。

纳兰最后因急病"七日不汗"而死，侍卫的生活，五更侍朝、深夜值宿，出外鞍马劳顿，餐风露宿，使他的身体迅速衰弱。比身体的疲顿更为痛楚的是心情的极端抑郁，他始终在忧伤和压抑中过活，对亡妻的逝去始终无法释怀。虽然生命最后半年，纳兰与才女沈宛结合了，但仍没有达到他想要的与"慧心人"晤对，消"心中块磊"的期望，最后还是怅然所失，充满忿意地去了。

显赫的仕途、奢华的家境终究化不开纳兰那敏感的心结。他像一颗流星划过天际，闪烁耀眼的光辉，但只是短短一瞬，就投入无尽的黑暗中去。满怀着"所欲试之才，百不一展；所欲建之业，百不一付；所欲遂之愿，百不一酬；所欲言之情，百不一吐"的遗憾，纳兰性德永远地告别了尘世，享年三十一岁。

4. 爱只是一种传说——血腥玛丽

提到历史上的"血腥玛丽"，我们往往会联想到"天主教偏执狂"，在一次宗教改革运动中烧死三百名新教教徒的事件。但从人性的角度看，玛丽分崩离析的一生和最后的疯狂行径都不是没有来由的，这要追溯到她的童年。

玛丽一世出生于1516年，是亨利八世与其第一任王后凯瑟琳·阿拉贡唯一幸存的孩子。幼年时的玛丽也曾是十分乖巧可爱的女孩，她继承了母亲温和稳重的气质，3岁开始学习拉丁文，母亲是她的第一位拉丁文老师；此外，她还学过希腊文、科学、舞蹈及音乐，母亲专门聘请西班牙有名的诗人、艺术家为玛丽做艺术顾问，她从小就受到了优质的教育。

玛丽在音乐方面天赋颇深，5岁就能在王宫的贵宾面前自如演奏古键琴，为亨利八世挣足了面子。那时候，她是得到父亲的宠爱的。9岁时，她拥有了父亲赐给她的王储称号，威尔士女亲王。

但掌上明珠的日子很快过去。对于亨利八世来说，虽然玛丽是个让他比较称心的女儿，但他还是因为没有儿子而感到失望。重男轻女的思想让他只是把女儿当作王朝外交游戏的一个有利筹码，玛丽曾先后同法国王储及神圣罗马帝国的继承人订婚。

对亨利八世而言，最重要的事莫过于能够早日拥有一个继承人，而凯瑟琳恰恰在这个方面让他一次又一次失望，这种失望在连续五个孩子早夭之后终于演变成了一种绝望。对于国王而言，找一个替代者并非难事，于是，女侍官安妮·博林顺理成章地走进了他的视野，又顺利地怀上了国王的孩子。在这种情况下，他为了这个孩子能成为合法的继承人，毅然决然地和他的情妇秘密结婚。为了洗白自己，他甚至搬出圣经的经文来证明自己和凯瑟琳的婚姻是不合上帝旨意的，因为《圣经·利未记》中写道："人若娶兄弟之妻，这本是污秽之事……他们二人必无子女。"

当年亨利八世在登基后，主动迎娶了寡居的嫂子凯瑟琳。如今亨利八世将没有儿子这一不幸归咎于这桩婚姻，认为自己受到了诅咒。当时的英格兰信奉天主教，认为一夫一妻制是符合上帝旨意的，这就意味着他必须宣布和凯瑟琳的婚姻无效，才能与年轻貌美的侍女安妮结为夫妻，使她腹中的孩子不至于沦为私生子。亨利八世随即宣布脱离罗马教皇的管辖，自己为英格兰新教最高领袖。

凯瑟琳王后坚决不妥协，她认定自己是国王合法的妻子，这让亨利八世极为气恼。而玛丽在目睹父母的婚姻土崩瓦解的过程中，迎来了自己的青春期。她的父亲为了摆脱母亲千方百计贬低和羞辱凯瑟琳，让她受尽痛苦；他让玛丽和凯瑟琳住得近在咫尺，但每天只允许她们匆匆见一面，在精神上折磨着她们母女俩。

玛丽的父亲亨利八世在政治上确实取得了一些成就，但是在对待自己的妻女上，却狠毒至极，丝毫不谈感情。他一生都处在一种任性和幼稚的生存状态中，而这最终导致了玛丽无可扭转的悲惨一生。

可以说，亨利八世是一个可怕的父亲，他的每一个孩子都被他变幻莫测的性格弄得伤痕累累，玛丽受到的创伤尤为严重。她一直要忍受着父亲对她时好时坏、时晴时阴的态度，有时溺爱、有时恐吓、有时热情、有时冷漠，这样的折磨直到他去世。

人生的起落并不算稀奇，但对于一个青春期的孩子来讲，从公主到阶下囚的变化实在来得太快，而父亲对她的阴晴不定又在折磨着她的内心，血腥的玛丽正在被凄惨的命运塑造成型。可笑的是，她的母亲在此时居然还天真地认为这一切不过是一场马上就会醒来的噩梦，教皇是不会认可他们的离婚的。

理想很丰满，现实很骨感。噩梦没有醒来，生活还要继续。玛丽和母亲的最后一次相见很快来到，之后，玛丽被软禁，她的母亲被流放。

在安妮的加冕典礼上，忠心的臣民都对玛丽欢呼致意。安妮被这样的情形激怒了，她刻薄地抱怨道："人们那股子高兴劲儿就好像上帝下凡一般。"她威胁玛丽做她卑贱的女奴，这样就可以有机会"在某天给她的晚饭里加点料"，或者"让她下嫁给某个男仆了事"。

在这样孤立无援的时刻，玛丽也一直坚持，没有背叛自己的良心，承认自己是私生女，而放弃应有的权利。亨利八世痛恨女儿的抗争，只要玛丽一天不接受身份，就让她没有一天好过的日子。不仅是她，连她身边的人也被遣散的遣散，关押的关押，而玛丽自己则屈辱地沦为了侍女。

不仅如此，他的父亲还丧心病狂地想从制度上彻底否定玛丽的继承权。《继承法案》成了他实现自己目的的利器，许多无辜者仅仅因为稍有质疑就惨遭毒手，而该法案实质上不过是他想证明上段婚姻不合法的幌子而已。

在这种情况下，玛丽的坚贞不屈并未换来父亲的些许敬意，玛丽的积郁成疾也并未赢得父亲的丝毫同情；他甚至不允许医生去给气若游丝的玛丽看病，在他看来，任由玛丽自生自灭就是对她最大的怜悯了。

也许是玛丽命不该绝，也许是信仰给了她力量，总而言之，她居然顽强地活了下来。但她的母亲就没有这么幸运了，在被流放五年之后，她终于结束了命运多舛的一生。即便这样，她那狠心的前夫也没有让她实现自己的卑微遗愿——所有的遗物都被没收，玛丽一无所获。

山水轮流转，安妮在喜新厌旧的亨利八世面前逐渐失宠，甚至不久之后，就因为莫须有的通奸罪名被砍了脑袋。玛丽的命运到这时出现了一点转机。

在其他人的反复劝说下，玛丽最终还是屈服了，她背叛了母亲用生命换回的尊严，违心地签署了承认《继承法案》的文件，而随之而来的负罪感伴随她一生，使她的性格严重扭曲。父亲的虐待、与日俱增的心理压力让她的身心备受摧残：她患上眼疾，鼻窦也出现问题，此后常有莫名的头痛，从二十岁出头就经常月经不调；她终年抑郁，时常觉得自己会被毒害，极度没有安全感。

此后，玛丽再次迎来了命运的节点。亨利八世再次修改《继承法案》，起因是其终于通过第三任王后获得了一个儿子——爱德华王子。在此次修改中，玛丽甚至重新获得了王位的继承权——当然继承顺位是在爱德华王子之后。就这样，玛丽获得了属于自己的"大赦"。

九年之后，让玛丽又爱又恨的亨利八世终于走了，新国王自然是她年幼的弟弟爱德华。与半路出家的父亲不同，爱德华是根红苗正的新教教徒。在他执政期间，对天主教的打压到了无以复加的程度，教堂被摧毁、财产被没收，而这一切，都让视天主教信仰为生命的玛丽痛苦不堪。她只有在义正辞严地拒绝爱德华让她皈依新教的要求时，才能感受到自己的尊严。

如果一切顺利的话，玛丽就会这样草草的了此残生，也不会在历史上留下污名。但事实上，玛丽的传奇才刚刚开始。1553年，她的国王弟弟因身患肺疾撒手人寰。在弥留之际，他任命同是新教教徒的简·格雷继承王位，意在不让王位落在玛丽这个异教徒之手。

但人算不如天算，简·格雷登基的合法性遭到了全体臣民的质疑。很显然，无论从血统上看，还是从法理上来说，玛丽都具有极大优势；至于她唯一的弱点——信仰，在玛丽的声明中被巧妙地避过了。这样，她就获得了多数人的支持，历尽千辛万苦，终于登上了那座可以生杀予夺的铁王座。

登基以后，她全面推翻了父亲和弟弟的政策，天主教在她的统治下全面复辟，而任何不信仰天主教的臣民都只有一个结局——被活活烧死。玛丽已成过去，血腥才刚刚开始。

玛丽把多年来的怨恨全部都发泄在新教徒身上，新教徒象征着父亲对她的伤害，她像一头受伤的猛兽一样拼劲全部力气去复仇，只有鲜血和火焰才能让她心底的痛楚被照亮。父母关系的破裂，父亲和继母对自己的虐待，她沦为私生子，母亲颠沛流离最后惨死，自己二十五年来受尽折磨，过着噩梦一般的生活，她把这些统统算在新教的头上。她几近疯狂地屠杀，要彻底清除异教徒，她认为新教教徒都是"撒旦"。短短几个月的时间，教会中约两千名结过婚的教士被驱逐，有超过三百名新教教徒惨遭荼毒，甚至连妇女和孩子也不放过。一时间，全国各地火刑刑场的浓烟简直比日落时分的炊烟还要多。在这个过程中，玛丽确保了天主教在英格兰至高无上的地位。

18世纪法国思想家伏尔泰这样痛斥当时的宗教迫害："有个怀孕的妇女在烧着的柴堆上生下了孩子。几个公民出于恻隐之心，把孩子从火中救了出来，信天主教的法官又把小婴儿扔进火堆。听到这样惨无人道的行为，我们究竟该相信自己是活在人间，还是活在那些处于备受酷刑煎熬的深渊而拼命把人类推入其中的魔鬼之间？"

这些血腥的国家恐怖主义行为让玛丽受到前所未有的咒骂，而她的婚姻则让她受到了无尽的嘲讽。1554年，年近不惑的老处女玛丽接受了来自比自己小11岁的表侄的求婚。光看这几个关键词已经可以预判出这桩婚姻究竟有多不靠谱。26岁的西班牙王储菲利普完全是出于政治利益才向自己的表姑求婚。天真的玛丽此时居然憧憬着国王和王后从此以后过上幸福生活，从而不顾臣民的反对，冒着英格兰有可能被西班牙吞并的危险和西班牙结为秦晋之好。因为对玛丽来说，菲利普不仅是情感的寄托和依靠，甚至成为她的精神信仰。

英俊潇洒的菲利普和年老色衰的玛丽看上去根本不相配。不过就在此时，种种生理迹象却表明玛丽似乎怀孕了。举国上下都为这个消息感到异常振奋，一个继承人也许可以冲淡这个国度的血腥气味。然后，就没有然后了，玛丽并未生下儿女，反而恢复了生理周期。事实证明，这只是闹剧一场，现代医学称这种现象为假孕。这件事成了当时全欧洲贵族的笑柄，菲利普深以为耻，以战事紧急为借口离开了英格兰。失去了生儿育女的希望，又被丈夫鄙视和冷落，玛丽心碎而抑郁成疾。

1557年，意大利战争进入了尾声，菲利普来到英格兰寻求支持，玛丽无条件地为西班牙提供军事援助。战争的结果是西班牙在意大利稳住了脚跟，但以此作为代价的却是英格兰的惨败，失去了最后一个大陆港口加来港。玛丽因此举陷入了国人及后世的一片指责之中。

1558年，玛丽病情恶化。玛丽的病情成了新教徒们进一步反抗暴政的动力，他们说这是来自上帝的天谴。生命弥留之际，玛丽似乎也承认了这种论断，上帝一定是在处罚她，信仰没有给她带来任何平静安稳，在痛苦的忏悔和恐惧中她等待着死亡的到来。

终于，玛丽一世的生命定格在这一年的11月17日，43年漫长而又短暂的一生就这样结束了。她生前无儿无女，死时身边无亲无故，生命的终结于她而言不知道是幸抑或不幸。

她被后世称为"血腥玛丽",历史对她的评价是固执和残暴,人们只记得她后来扭曲的人格,而小时候那个曾经勇敢顽强又聪慧可爱的她,那个被父亲抛弃又百般摧残的她,被迫无辜忍受莫须有罪名的她,被愤怒和绝望的情绪折磨的她,却被忽视了。

5. 一切都源自童年——情人杜拉斯

　　杜拉斯的一生一直在漂泊，从一个地方到另一个地方，从一个人的身边到另一个人的身边，她对自己说："我没有故乡。"

　　杜拉斯的父母听信法国政府"到殖民地发财"的宣传口号，千里迢迢来到越南，最终却陷入贫穷的困境中。父亲的壮年早逝，让她的家庭沦落到了白人殖民者的最底层。

　　杜拉斯出生仅六个月时，母亲玛丽就离开她回法国治病疗养。没有母亲在身边的婴儿，一生都在寻求来自母亲的安慰和爱。

　　杜拉斯的父母总是处于生病、分裂当中，她从来没有享受到安定的家庭生活。父母没有精力和时间来照顾她，6岁前她都一直在频繁的迁移中成长；没有固定住所，没有固定朋友，甚至无法去学校读书。她孤独，没有依靠，极度缺乏爱和安全感。这样的童年注定了她一生的不幸。

　　杜拉斯的母亲和当时的很多人一样，有着重男轻女的恶习，而作为母亲她又几乎天然地更宠爱第一个孩子，即杜拉斯的哥哥。这种不公的家庭秩序在杜拉斯的父亲早逝后愈演愈烈。

　　哥哥皮埃尔，是杜拉斯童年的噩梦。他自私又暴力，凭借年长和身强力壮，经常无端责骂自己的弟弟妹妹，抢夺他们的食物，甚至动手殴打他们、恐吓他们。而母亲看着这一切，就像什么都没发生一样。

　　母亲玛丽对长子皮埃尔的迷恋，从不掩饰，那种赤裸裸的溺爱是不着边际的，让人困惑的，甚至"曾经要求把他和她葬在一起"。而皮埃尔并不爱妈妈，他打着探病的名义回来，实际上却不关心她，整日整夜不回家，一门心思游荡在鸦片馆里。玛丽给他钱时，他都花光，不给他钱时他就去骗、去偷，母亲绝望地在夜里抱着杜拉斯痛哭，可即使这样，她仍然溺爱着皮埃尔。对她来说，皮埃尔已经不仅仅是一个儿子，而是她绝望生活中的一个感情寄托，她需要这样的亲密关系来支撑自己不着边际的黑暗生活：一个寡妇和三个孩子，在陌生的殖民地，被人瞧不起、贫困潦倒的生活。

在殖民地，杜拉斯的母亲想要成为一个大种植园主的梦想，在现实的打击下沦为了一个笑话、一个永远的悲剧。她倾注所有买来的土地，无论长出什么，都会被无情的海浪吞没。

她不想认输，甚至说服附近的农民为她在太平洋岸边修建堤坝，经过六个多月的时间，用粗木和泥沙建造的堤坝终于完工，但她之前没有和任何技术人员询问过这样是否可行。她像一个偏执的人，一定要实现她的想法。

稻子真的长出来了，但意外再次发生，由于雇佣的农民不满她的专制、严苛，在稻子还没有成熟时便悄悄地提前收割了，卖给邻近的庄园主，拿到钱之后便逃走了，杳无音讯。

玛丽仍然没有失掉信心，她等着第二年的收成。结果凶猛的汛期再次袭来，一瞬间就摧毁了堤坝，以及那片绿色的秧苗。活着的勇气和激情仿佛消失了，被彻底击垮的玛丽陷入癫狂。那个时候，杜拉斯是整场灾难的牺牲品，她成了母亲的出气筒，只要母亲不痛快或者母亲认为她做错事的时候，她就会挨打。

在《抵挡太平洋的堤坝》一书中，记录着这样的场景："当苏珊离开餐桌时，事情终于爆发了。母亲站起身，以全身的力气用拳头打苏珊。她一边打，一边说起了堤坝、银行、她的疾病、房顶、地籍管理局、她的衰老、疲惫和死亡，这情况持续了两个小时。她站起来扑向苏珊，然后倒在椅子上，累得发呆，平静下来，然后又站起身，再次扑向苏珊。"

书中的苏珊，就是杜拉斯自己，这就是她的母亲对她所做的。可即使如此，她仍然爱着母亲，她知道这是母亲痛苦的发泄方式，并希望她可以好起来。她一生对母亲爱恨交加，尽管她"一直在等待，无望地等待，等待母亲如春风的手抚摸她的秀发，但母亲的目光越过她的头顶，只有大哥，永远的大哥"。她所做的一切努力，都是想让母亲爱她，哪怕一点点，但她一次一次地失望，因为母亲的眼里根本没有她。

在这样疯狂、压抑，让人无法忍受的家庭里，她把盼望寄托在小哥哥保罗的身上，那是她唯一能逃避的地方。小哥哥关心她、保护她，对于一个幼小的无力反抗的孩子来说，能活下去的动力就是寻找爱。小哥哥满足了她爱的需要和幻想，集父爱、母爱、兄长之爱、情人之爱于一身，慰藉和支持着她苦涩的童年。

晚年，杜拉斯提起小哥哥，百感交集："我的童年和我的兄长一同逝去了。他死了，我的童年也倏地被剥夺了去。"

杜拉斯的第一个情人，叫李云泰，那一年杜拉斯15岁，他27岁。在这样一个叛逆的年龄，她出卖了自己的身体，她用他的钱，养活一家人。

杜拉斯不和李云泰谈爱情，她和他说，自己和他在一起只是因为钱。但这个男人是爱她的，因为杜拉斯的冷漠他曾伤心落泪。当这一切东窗事发后，她的母亲歇斯底里般用最难听的话咒骂她，仿佛这样才能找回自己失去的尊严；但当她听说杜拉斯竟然可以通过这种方式获得金钱时，态度来了一个一百八十度的大转弯，她以杜拉斯热爱自由为借口请校长允许她晚上离开学校。

从此，杜拉斯真的自由了，她可以自由地出卖自己的身体以满足她贪婪无耻的母亲和兄长。当然，毫无疑问，她的角色也由情人无可挽回地变成了情妇。她不在乎，她在李云泰的身上找到了她丢失的东西——父亲的爱和母亲的爱。她沉迷于此，李云泰像对待孩子一样呵护她，给她洗澡擦身、敷脂抹粉；在他面前，她就是一个无须掩饰自己的孩子。

从那时起，她认为只有性才能让她得到这样的呵护，父亲过早就离开了她，而母亲只会在毒打和谩骂中折磨她，羞辱她。只有性，才能让她找到情感释放的出口；只有性，才能让她觉得可以控制一些什么，让她产生了安全感的错觉。几十年后，当她成为一个饱经风霜的老人时，她回忆往事，真诚地写下了这一句话："我将有一辆利穆新轿车送我去上学，可我也将永远生活在悔恨之中，悔恨我的所作所为，我所获得的一切；悔恨我所抛弃的一切，好坏都一样，让我感到悔恨。"

这段经历成为她一生的耻辱，灵魂深处的自卑让她不再爱惜自己的身体，她把自己放逐了。

17岁的杜拉斯带着一张李云泰给她买的船票回到了法国，此后他们再也没有见过。在学校，她一开始学习数学，后来很快转向于攻读法律和政治学。她活泼、开放、美艳，却有一种说不出的清纯气息，在法学院成为诸多男生关注的女神，她沉浸在男人们的爱中，从一段恋爱到另一段恋爱，每一段都不长久。

她说："我总是欺骗和我生活在一起的男人，我总是离开，这一点救了我。我是不忠实的女人，虽然不总是不忠实，但大部分的时候都是如此，也就是说我喜欢这样。我爱的是爱情，我喜欢这样。"

这时，杜拉斯遇见了让·拉格罗莱，一个忧郁且学识渊博的男人。他们恋爱的时候，她认识了拉格罗莱的两个挚友乔治·波尚和罗贝尔·昂泰尔姆。他们也被杜拉斯的魅力倾倒，三个男人经常由杜拉斯开车带着他们在巴黎最繁华的街道上兜风，或者去热闹的赌场。

渐渐地，杜拉斯移情别恋爱上了罗贝尔，因为罗贝尔更阳光、更温暖。他在和谐温暖的家庭中长大，父亲是高官，母亲是意大利的望族；他的身上有着杜拉斯所缺少的修养、绅士，和名门望族的涵养。

两个男人爱上同一个女人，他们又是生死之交，在爱情与兄弟之情的矛盾中，两个人都想以自杀来表明自己对彼此的忠诚，但幸运的是都被人发现挽回了生命。最后乔治做感情调解者，将因服用阿片酊而变得有些迟钝的拉格罗莱带到了中欧，想借着旅行来帮助朋友忘记失败的恋情，走出阴影。

拉格罗莱后来似乎真的忘记了杜拉斯，但他此后再也没有碰过任何一个女人，成为了只爱男人的同性恋者。

杜拉斯和罗贝尔结婚了。但在婚前婚后，杜拉斯经常出轨，和其他男人发生"荡气回肠的爱情故事"，连他们的证婚人，一个英国记者，都是罗贝尔去征兵时杜拉斯秘密交往的情人。

1941年末，杜拉斯怀孕了，她被产前忧郁症所折磨，后来男婴出生就夭折，又让她陷入了更深的忧郁之中。就在这时，小哥哥保罗的死讯又传来，她的情绪彻底崩溃，昼夜哭泣，连续几个月失眠。尽管罗贝尔一直精心照顾她，但杜拉斯在心理上却与他渐渐疏远。

在另一段婚外恋中，杜拉斯慢慢恢复了活力。这次恋情的对象是迪奥尼斯·马斯科洛，杜拉斯对他一见钟情。在她眼里，这个还有些羞涩的男人非常英俊，"像上帝一样英俊"。他们整天腻在一起，她不停要他说"我爱你"。交往六个月，迪奥尼斯将杜拉斯带到父母家，似乎想将他们的关系公之于众。而杜拉斯则将这个情人堂而皇之地带回家里，介绍给丈夫罗贝尔。两个身份尴尬的男人竟然建立了深厚的友谊，他们彻夜长谈，互相尊重，但罗贝尔始终不明真相。

过了一段时间，迪奥尼斯不想再纠结于这样的感情，继续伤害罗贝尔，他与杜拉斯开始疏远，但杜拉斯不能忍受没有迪奥尼斯的日子，她给他写了无数信，最终使他又回到她身边，痛苦的迪奥尼斯向罗贝尔表明一切。

多年后，人们在迪奥尼斯保存的档案中，发现了罗贝尔当时写的一首诗，潦草地写在一张随手拿到的纸上：

"这是我的朋友／他对我说了一切／他的脸只有一点点红／双手在颤抖。而我，迈着局外人的步子，／走近他的故事，／然后我把他抱在怀里。／瞧，让我们哭吧，哭吧。／他看着我，我的朋友，他站起身来。／在钢琴上弹奏了，四五个音符／他走了。我待在原地，浑身脏兮兮的／在床上蜷成一团，抱着这个故事／这是我的朋友，他对我说了一切。"

要多么宽大厚重的爱才能承受这一切，只是在这样近乎完美的爱中，杜拉斯依然不能满足。她又进入了一个奇特的生活模式，她的身边有两个男人。她成了罗贝尔的守护者，她也会悉心照料迪奥尼斯的生活，而罗贝尔和迪奥尼斯，则成了她最忠实的读者。

1947年，杜拉斯又一次怀孕，是迪奥尼斯的孩子，在孩子出生前，她和罗贝尔平静地选择离婚。九年婚姻结束，这是她一生唯一的一次婚姻。她给男孩取名叫乌塔。她爱极了乌塔，孩子给她带来灵感，她进入了又一个写作的高峰。

事业处于稳定上升期，但杜拉斯对爱的欲望始终不能得到满足，她痴迷迪奥尼斯，毫无理由地迷恋他，但她同时也被这份爱折磨得快疯了，因为迪奥尼斯的爱并不疯狂，甚至许多时候，迪奥尼斯扔下她独自出去，一整天对她不闻不问，甚至和其他女人暧昧不清。

终于，杜拉斯绝望地转身离开，头也不回。

离开迪奥尼斯后，她又投入了新的爱情，也许只有疯狂迷醉的爱才能让她有真实活着的感觉。这个男人叫热拉尔·雅尔罗，有英俊成熟的迷人气质，又有些阴郁，个性十足，和杜拉斯一样精力超出常人。他认识杜拉斯时，是职业记者的身份，但他也是作家，也写小说。他已婚，有三个孩子，但放荡不羁，到处留情。

这样的男人似乎总能引起杜拉斯的征服欲，很快她就深陷于此，迷醉在与雅尔罗的肉体狂欢中；他们没日没夜地喝酒、狂欢、堕落，还夹杂着暴力。

迪奥尼斯不允许儿子乌塔继续跟着这不靠谱的母亲，他坚决而强硬地将乌塔送去了寄宿学校。没有了儿子的束缚，杜拉斯更加毫无节制，在沉沦中难以自拔，几乎过着完全以雅尔罗为中心的生活。但雅尔罗的生活中心却不是杜拉斯，他还有贤惠的妻子、可爱的孩子，那是他所隐藏的另一面。

没有杜拉斯要的完全的爱，她再一次转身离开。遇到痛苦时，杜拉斯开始用喝酒解决问题。从大口大口喝酒，到开始酗酒，最后完全变成了一个酒鬼。她的生活开始失控，即使如此，她也甘之如饴，觉得做酒精的俘虏快乐极了。因为喝酒，杜拉斯开始咯血，可即使这样她也不怕，她把酒精当成治疗咯血的药，继续喝下去，日复一日。

这样的暗无天日中，杨·安德烈，杜拉斯生命中的最后一个情人来到她身边。这时杜拉斯66岁，杨·安德烈27岁。

当记者问她："这总是您最后一次爱情了吧？"她竟然笑着回答："我怎么知道呢？"直到1996年3月3日，杜拉斯逝世，葬于蒙帕纳斯公墓，众人才说，这确实是她的最后一次爱情了。

年轻的扬·安德烈是大学教师，教哲学。他也是一名同性恋者。第一次读杜拉斯的小说，他就被深深吸引，从此，他只读杜拉斯一人的书。

连续五年，扬·安德烈不间断地给杜拉斯写信。杜拉斯只是从众多的读者来信中留意了这个人，但从未回信。直到有一天，她拿起电话，对他说："来"。扬·安德烈就放弃了工作，离开家，心甘情愿地成为她的写作帮手与生活伴侣，直到杜拉斯离开这个世界。

面对她长眠后的遗容，他说："……我知道，我们已永远分离。我爱你。"他陪伴了杜拉斯人生中最后的15年。

杜拉斯的一生，爱了很多，得到很多，失去很多，伤害很多。她曾多次与两个男人同时生活，而且是公开的。无论何时何地，她都不会错过任何偷情的机会，情人多到数不过来。她离婚的原因是和另一个男人有了孩子，她一辈子都处在非道德的状态，挑战这个世界的底线。只要有激情和欢愉，她就可以过活，就可以写作。

杜拉斯的心仿佛有一个黑洞，无论怎样填，用多少爱，都无法填满。情欲的渴望要把她吞噬，酗酒、纵欲，她的自残来自于一种与生俱来的毁灭感，而这种毁灭感源于她的原生家庭。

杜拉斯去世前明确地承认道："我非常爱我的母亲。"这个她曾经否认过多次的事实，最终还是说了出来，甚至在与死神抗争时，她也叫道，"我的母亲，我的母亲！"

在杜拉斯心里，永远都没有忘记母亲。这一次，死亡让她就要与母亲见面了。在她的所有作品里，都有一个母亲，一个女儿。

女儿不断地索取，想要母亲给她一点点爱。杜拉斯想要和母亲之间最亲密的关系，可是母亲已经把这种关系给了长子。她嫉妒，她恨，但太迟了，她无法得到自己的位置，必须去别的地方寻找，于是有了她的小说，有了她混乱的一生。

杜拉斯一直在疯狂地找寻爱。她只要一种爱，完全的爱，没有一丝缝隙的占有，一种委身，不离不弃，可以为之死去的爱。这爱，是她拼命要，但母亲不想给，也无法给的。 她甚至在成年以后，还在争取这份爱。她把对母亲的恨、爱、怜惜、不解、依赖、渴求、敬佩、失望……都写进了她的小说里，她期待母亲去读，读懂自己的女儿，读懂女儿心里的渴求；她渴望着母亲温暖的怀抱，和关注的眼神，哪怕只有一瞬……但母亲回应她的始终是讽刺、否定和冷漠。

杜拉斯说："我母亲从未爱过我，我热爱她，情人就是她……"她疯狂去寻找的爱，一直都是一种在母亲那丢失了的爱。

后　记

　　书写到此，笔者感受到真实的痛楚。

　　这些我们熟知的人，这些真实的故事，每一个都是关于原生家庭的悲与苦，情与怨，哀与歌。

　　人的一生，短暂几十年光阴，本该绚丽绽放，有些人却从生命初始就蒙上一层灰尘，抖不掉的晦暗。

　　阅读这些故事大概需要很大的勇气，因为那里可能会有你我的影子，那一种经历可能像极了你我曾经历的，那一种心灵的伤痕可能更让你我感同身受。

　　人性的罪恶何其相似，那起初伊甸园里分别善恶树上的果子，吃了会让人眼睛明亮，可心中却生出狡诈，那是自我的控制欲，认为我可以成为一切的主宰，一切都要为我而存在。于是，便有了那些唯我独尊、操控、利用孩子的父母，有了那些无辜的、被利用的孩子。可怕的是，那个弱势的孩子，长大成人、组成家庭后又成了和自己父母一模一样的人，如出一辙地操控、利用自己的孩子，并变本加厉，这就是原生家庭的诅咒，周而复始。

　　罪，一旦进入人世，关系就被破坏。人与人之间，自己与自己之间，人与世界之间，关系分崩离析。爱，也成了伤害。

　　在这些故事中，我们清楚地看到，一个欢快又纯净的孩子，人格如何被扭曲；一个孩子如何为了满足父母的需求而提早结束童年；一个孩子如何经历着心灵和情绪的虐待一步步走向毁灭；一个孩子如何为满足母亲的情感需求改变了性别取向……

对这些孩子来说，长大成人，意味着学会伪装。生活有光鲜的表面，但不为人知的是内里的状态，唯有自己独处的时候，才是真实的状态，是快乐的、自由的，还是猥琐的、被捆绑的，只有自己最为清楚。那些平日的粉饰都不起作用，赤裸裸地面对真实，会有种要被吞噬的空虚感，为什么我在这样的罪恶里？为什么我要活得这么隐秘不可见人？

感觉孤独，不被接纳，是因为真实的自己被隐藏起来；怕被论断，怕被定罪，是怕没有人接纳你、爱你。

那些原痛，比如一个孩子，当他长大成人，发觉小时候自己并未被真正无条件接纳和爱过，只有表现优秀时才会被父母喜欢，他会惊觉自己原来牺牲了整个童年去换取爱，他的心会被这种感受刺痛。这种认识，很多人不想清醒面对，甚至要将之合理化，拒绝看到一些真相；很多人宁可活在自己编织的美梦里，不去碰触那真实的一切。美化父母是必须的，逃避愤怒也是常用的办法，以致渐渐与真心越来越远，在麻木中苟且活着，失去了每一次情绪得以释放的机会，失去了自由。

麻木，使得我们不再是自己情绪的主人，慢慢地，我们变得不理解自己的情绪，甚至感知不到它。明明在生气、在报复，用狠毒的言语暗箭伤人，却不知是若干天前因为别人的话生气到今天的情绪发泄。就这样，一言一行反倒被情绪所控制，成了情绪的奴隶。

强迫行为与上瘾行为就是被情绪奴役的直接体现。自我不再自主，而处于失控状态，无法停止地自虐。酒瘾、性瘾、烟瘾，在失控和一次又一次重复上瘾的行为之后，无一例外会被更强烈的愧疚感和罪恶感充满于心。接着是发誓期待下一次的成功，之后是对自己的更加失望，更强烈的罪恶感，就这样恶性循环，直到最后彻底自我放逐。

面对自己是痛苦的，如同经历一场灵魂的手术，但这短暂的痛苦是有益的。防卫之所以存在，正是因为要逃避那难以忍受的痛苦。一旦经历的痛苦感受超过要逃避的感受，防卫就会自动打开，真心就会显现，那才是真实的自己。而面对自己，是改变的第一步。

离开痛苦，最好的方式是经历痛苦。你需要毫无戒备，完全放松，卸下你的铠甲，脱去你的武装，变得毫无依靠，再没有可依附的或可操控的，才能试着坚强。

爱里没有惧怕，唯有勇敢踏出第一步，承认自己本来的样子，真实的自我，才会拥有可能会被接纳的机会。哪怕同时可能会被拒绝，但你终是接纳了自己，不再把那个真实的自我藏在为自己设的囚牢里。

契诃夫曾说："困难与折磨对于人来说，是一把打向坯料的锤，打掉的应是脆弱的铁屑，锻成的将是锋利的钢刀。"

不经过自我剖析的生活不值得过。这是一种生命历练的过程，是自我完善的征途。

认识自己的旅途，遥远又坎坷，有漆黑的转角，也有绚丽的彩虹。那条路上关卡重重，顽固的自我防卫如道道屏障，需层层击破，每一关都有一个密码，带着记忆中的忧伤掠过你的心房。

改变需要我们认清一件事，生命中并非所有事都是我可以控制的。不成熟的人，认为某些事物一旦不可控制，就是失败的表现，这源于被原生父母遗弃的伤害，一旦这种自卑内化为自身的人格，便会认定自己是可有可无的，没有自尊的。一旦心甘情愿接受自己是一个有限的人，反而可以控制自己的生活。放弃，有时是另一种获得。

来自不幸的原生家庭并不是一种厄运，那些背负着的莫须有的沉重其实是一份化过妆的礼物，这种生命锻造之痛能带给人更深的领悟，让人更热烈地体会生命的善恶，更深刻地明了人生的意义。

一个人只有真正放弃了自我的固疾，开始复原，才会重新接纳自己，不再分裂，认可并实现真实的自信和自尊，相信自己的选择，与自我和好。

每一个来自病态家庭的人，都在寻找一个新的、属于自己的家。父母带来的伤害，原生家庭的破裂，使得我们需要在一个新的家中来得到痊愈。

这样的家庭，需要具备一些条件：

其一，一个成长小组，有信赖的心理辅导师，或能帮助自己的朋友。其二，完全彼此接纳，不带有教条、侮辱或论断。

其三，可以有相同经历，理解对方最深的难处，能包容彼此。

其四，康复的过程需要不断与同伴良性互动，鼓励与坚持。

在团队之中，完全透明地分享彼此最真实的感受和最隐蔽的想法，使得内在的真我走出羞愧，被接纳，得到爱，才能释放压抑的情感，回归真实的体验，生命才能开始鲜活起来。

没有人有必要牺牲自己来换取爱。我们来到这个世界的目的是尽情做自己，完成自己的使命，尽享这日光之下的一切。唯有摆脱原生家庭给我们的"定义"和限制，我们才可以在这一生自由做自己。

宽恕带着爱与和平的力量，对于双方都是一种释放。如果父母曾带给孩子伤害，那么，希望孩子最终能宽恕父母，抛开多年的积怨与不能释怀。父母不是罪人，他们也曾经是被伤害的孩子。

当这些生命的苦难被勇敢咀嚼，当内在的谎言被强烈的意志力揭穿，那么，十字架的一面是受难，另一面，就是新生。